渔业船舶检验系列教材

渔船轮机及电气设备

刘国平　编

海洋出版社

2012 年·北京

内 容 简 介

本书是一本依据中华人民共和国渔业船舶检验局《渔业船舶法定检验规则》的要求编写的供渔船检验人员学习和使用的实用技术教材。全书共分三篇,内容有渔船动力装置、渔船辅助机械、渔船电气设备。

本书内容通俗易懂,取材密切结合当前渔船检验的实际情况,实用性较强,不仅可供渔业船舶检验人员的学习使用,也可供其他行业的船舶检验人员、轮机人员、船舶修造企业的技术人员及船舶与海洋工程专业的师生阅读参考。

图书在版编目(CIP)数据

渔船轮机及电气设备/刘国平编.
—北京:海洋出版社,2010.6(2012.7 重印)
ISBN 978 - 7 - 5027 - 7742 - 5

Ⅰ.①渔… Ⅱ.①刘… Ⅲ.①渔船 - 轮机②渔船 - 电气设备
Ⅳ.①U674.403

中国版本图书馆 CIP 数据核字(2010)第 103281 号

责任编辑:白　燕　朱　瑾
责任印制:赵麟苏

海洋出版社　出版发行

http://www.oceanpress.com.cn
(100081 北京市海淀区大慧寺路 8 号)
北京旺都印务有限公司印刷　新华书店发行所经销
2010 年 6 月第 1 版　2012 年 7 月第 2 次印刷
开本:787 mm×1092 mm　1/16　印张:10
字数:256 千字　定价:30.00 元
发行部:62132549　邮购部:68038093　总编室:62114335
海洋版图书印、装错误可随时退换

前　言

为适应渔业船舶检验工作的需要,提高渔业船舶检验人员的素质,受浙江省渔业船舶检验局的委托,我们组织编写了这套教材。全套教材分《渔船检验法规与执法基础》、《渔船船体及船舶设备》、《渔船轮机及电气设备》、《渔船检验项目》、《渔船检验程序》五册书。

本套教材是依据中华人民共和国渔业船舶检验局颁布的《渔业船舶法定检验规则》和《渔业船舶检验与发证程序和证书填写规定》编写而成。并由浙江省渔业船舶检验局组织专家组审定通过。教材的主要特点是:具有创新性和实用性,体现了新的渔业船舶法定检验规则精神,采用了新的编写体系;内容涵盖了渔业船舶检验人员工作过程中的理论及实践知识,可以直接作为渔业船舶检验人员工作的指导性资料。

这套教材由浙江海洋学院刘国平副教授主编,浙江省渔业船舶检验局高级验船师李芳主审。其中《渔船检验法规与执法基础》由郑雄胜编写;《渔船船体及船舶设备》由谢永和、赵丽萍编写;《渔船轮机及电气设备》由刘国平编写;《渔船检验项目》由应业炬编写;《渔船检验程序》由张晓君编写。

在编写此套教材的过程中,始终得到高级验船师李芳的帮助和指导,提出修改意见并提供了相关的宝贵资料;得到中华人民共和国渔业船舶检验局、浙江省渔业船舶检验局、舟山市渔船检验处及浙江海洋学院的有关领导、专家的大力支持和热情帮助,在此一并表示诚挚的谢意。

由于此套教材内容涉及面广,编者的学识水平和实践经验均有其局限性,因此难免有不妥和错误之处,敬请广大读者批评指正。

编　者

2010 年 3 月

目　　次

第1篇　渔船动力装置

第1章　渔船动力装置概述

1.1　动力装置的组成和基本要求

1.1.1　动力装置的组成

1.1.1.1　船舶动力装置的含义

"船舶动力装置"的原始概念是代替人力或风力而产生船舶推进动力的一套机械设备与系统,通俗称为"轮机"。而现代的"船舶动力装置"是船舶为获取推进机械能、电能和热能而配置的机械设备的有机组合体,其目的是用以保证船舶正常航行、停泊、作业及船员正常生活的需要。

1.1.1.2　船舶动力装置的分类

根据提供能源方式,船舶动力装置可分为:

(1) 蒸汽动力装置:蒸汽动力装置是以蒸汽机或汽轮机作为主发动机的动力装置。燃料在主锅炉中燃烧,产生蒸汽,由蒸汽带动蒸汽机或汽轮机工作。这种动力装置重量大,占舱容多,渔船上已不采用。

(2) 内燃动力装置:内燃动力装置是采用内燃机作为主发动机的动力装置,其特点是体积小、重量较轻。目前机动渔船几乎都采用以柴油机为主机的内燃动力装置。

(3) 核动力装置:核动力装置是用核燃料在核反应堆中发生核反应时产生蒸汽,用蒸汽带动汽轮机工作。其特点是功率大,续航力强,不需空气助燃,现多用于军事舰艇。

(4) 船舶联合动力装置:

1) 燃气-蒸汽联合动力装置(COGAS);

2) 蒸汽-燃气联合动力装置(COSAG);

3) 柴油机-蒸汽联合动力装置(CODAS);

4) 加速型船舶联合动力装置。

集中各类动力装置的优点,建立一个综合的动力装置,这就是船舶联合动力装置。这种新型动力装置使各种工况(低速、中速、全速)的经济性都得到改善,或者还有可能降低装置的总质量和总体积。这种新型的联合动力装置已被应用在运输船舶和舰艇上。可以预见,在今后的船舶动力中它们将会获得一定的发展。

1.1.1.3 渔船动力装置的组成

渔船动力装置由如下装置组成:

(1)推进装置:推进装置是提供渔船航行动力的整套设备。它是渔船动力装置中最主要的部分。推进装置包括:

1)主发动机:主发动机简称为"主机",是指产生推进动力的原动机。机动渔船几乎全部采用柴油机作为主机。

2)轴系:轴系的作用是将主机的功率传递给推进器。它是由传动轴(推力轴、中间轴、尾轴、螺旋桨轴)、离合变速装置、轴承联轴器、密封件等组成。

3)推进器:推进器是将主机的功率转换为渔船推动力的装置。渔船推进器基本上都采用螺旋桨。

(2)辅助机械:动力装置中,除直接用作船舶推进的机械设备外,其他承担特定任务的设备均称为辅助机械,简称"辅机"。渔船重要辅机主要有:

1)副柴油机:副柴油机主要用来驱动发电机,组成柴油发电机组,产生全船所需要的电能。在小型渔船上也有用副柴油机直接驱动其他机械,如锚机、制冷压缩机、泵等。

2)辅助锅炉:辅助锅炉用来产生蒸汽或热水,供全船加热、取暖、水产品加工等所需要的热能。

3)空压机:空压机用来产生压缩空气,为空气瓶充气,供主、辅柴油机起动、鸣笛和吹洗等用途。

4)制冷设备:渔船制冷设备用来产生冷气,以降低鱼舱温度和冻结鱼货。

5)防污染设备:渔船防污染设备主要指油水分离装置。用以分离舱底水中的油分,使之达到排放标准。

6)甲板机械:甲板机械系指保证渔船航向、停泊、起放网具以及装卸鱼货、物资所需要的设备。包括锚泊设备、系泊设备、操舵设备、渔捞起重设备等。

(3)管路系统:船舶的管路系统简称"管系",用来为各专门用途输送液体或气体。管系由管路、泵、容器、仪表及其他附件组成。按其用途可分为动力管系和船舶管系。

1.1.2 渔船动力装置的基本要求

渔船在海上作业,经常会碰到恶劣的气象和海况,出了故障又不能迅速得到援助,因此渔船动力装置的安全可靠性是极为重要的。概括起来,对渔船动力装置安全性能方面有下列基本要求。

1.1.2.1 动力装置的生命力

动力装置的生命力包括两个方面:

(1)能适应渔船的各种作业条件,即在各种恶劣环境条件下,机械设备均能正常工作。例如,《钢质海洋渔船建造规范》(1998年版)(以下简称《规范》)中规定,"主辅机和轴系传动以及与船舶安全有关的机械设备,其结构与布置,须在渔船横倾15°及纵倾5°,横摇至±22.5°及同时纵摇为±7.5°时能保证正常工作"。

(2)在发生单一故障的情况下,仍能保证渔船的航行。例如,《规范》中规定,"当主柴油机必须设有燃油供应泵时,则应设有一台备用泵"。"每艘渔船应有两套操舵装置,一套为主操舵装置,另一套为辅助操舵装置。"这些规定都是考虑万一出现故障时,能迅速更换,继续维持渔船的航行能力。

对于无限航区的渔船,还应具备从"瘫船"状态不需船外供应动力就能起动的能力。

1.1.2.2　动力装置的可靠性

动力装置的可靠性系指在预定的运行条件下能长期无故障工作的能力。动力装置的可靠性主要取决于各组成部分设备的制造、安装质量,也常常与使用管理水平有关。

渔船规范中对重要设备的设计、制造、材料性能均有相应规定,目的是为了动力装置的可靠性。

1.1.2.3　动力装置的操纵性

动力装置的操纵性系指装置中各种设备能迅速改变工况的能力。这点对推进装置尤为重要。《规范》中对主柴油机起动、低转速运转、加速、超负荷运转、倒车、转向等性能均有具体要求。

1.1.2.4　尽可能减小振动和噪声

动力装置的振动影响机械设备的工作可靠性和使用寿命,严重的振动甚至会引起机损事故,或使船体结构损坏,危及船舶的安全;振动和噪声还会影响船上人员的健康。

《规范》对控制振动、防止共振等方面也有相应规定。渔船控制噪声达到标准比较困难,《规范》提出应采取措施降低机舱内噪声,有条件时,可设隔音的值班室。

1.2　动力装置的布置

动力装置主要机械设备安装的专门船舱称为机舱。动力装置的布置主要是指机舱的布置。

1.2.1　机舱的位置

机舱位置是指机舱在船舶纵向的位置。设在船中部的称为中机型;设在船尾部的称为尾机型;设在船中后部的称为中后机型;设在船中前部的称为中前机型。

中机型的优点是,动力装置的重心靠近船舶的浮心,较易保持船的浮态,船中线型变化小,底部平坦,机舱内设备较易合理布置,抗沉性好;缺点是轴系长,效率低,轴穿过鱼舱。尾机型的优点是轴系短,传动效率高,结构简单,轴系不穿过鱼舱,不需设轴壁或轴弄,鱼舱集中,便于装卸;缺点是轻载或空载时产生较大纵倾,需调整压载,尾部较瘦,机舱布置受影响。中后机型特点介于前二者之间。渔船中也有采用中前机型的,它的优点是后甲板渔捞作业面积大,鱼舱集中在船中后部,便于海上生产和作业;缺点同中机型。

1.2.2　机舱的尺度

机舱的大小是根据机舱内各种机械设备的数量、主要机械设备的尺寸、保证各种设备正常运行和维修管理所需的空间大小来决定的。

(1) 机舱的长度:机舱长度是指机舱纵向的尺度。它是根据船舶主机机组(包括传动设备)的长度、通道距离及一定的余量综合而定的。对采用直接传动型式的推进装置,其机舱长度主要由主机纵向尺度来决定;若采用间接传动型式的推进装置,则还须考虑传动设备的长度,同时应保证主机操纵台前有一定的通道。有前端输出的主机还应增加前端输出机械的长度。对于多机装置的船舶,当辅助机械因机舱宽度不允许在两舷布置时,机舱长度必须考虑安置辅助机械所需的长度以及轴系拆装的需要等。

(2) 机舱宽度:机舱宽度是指主甲板下机舱沿船舶横向的尺度。它是根据船舶总体布置,以及动力装置的具体情况而确定的。机舱宽度必须满足主机、辅助机械本身的宽度要求,以及保证便于操作维修它们而应设置的通道的宽度。辅助机械设备一般置于主机两侧。

(3) 机舱高度:机舱高度是指机舱沿船舶中垂线方向的尺度。一般从船底板算到主甲板,有机舱棚时还须计入机舱棚的高度。机舱所需的高度取决于机器本身的高度及它们正常工作、维修等必要的高度。首先,机舱高度应保证主机及辅机在修理时向上吊出活塞等工作的顺利进行,另外,还要便于动力装置进行大修时,将需在船外修理或需要更新的机械设备吊进及吊出机舱。

对于中、小型渔船常利用机舱棚顶上的通道作为吊放主机的通道,则其通道大小必须略大于主机外形极限尺寸,同时,小型渔船通常都未在机舱设置通风机械设备,因此,机舱天棚通道大小应保证机舱有良好的光线及通风作用。

1.2.3　机舱布置原则与要求

(1) 主机及传动装置的布置:

1) 单主机及传动装置的布置:单主机及齿轮箱等传动装置应使其轴系中心线布置在机舱的纵中剖面上,且与船体基线的纵倾夹角保持在0°~5°之内,这样布置有利于机舱左右重量分布均衡,防止船舶发生横倾;螺旋桨居中,有利于保持船舶正航方向,控制轴线纵倾角度,以充分提高螺旋桨的推进效率。

2) 双主机及传动装置的布置:双主机及传动装置,主机一般对称地并列于机舱纵中剖面的两侧,道理同前。轴线允许0°~5°的纵倾角及0°~3°的纵偏角。

(2) 辅助机械设备的布置:机舱内辅助机械设备种类、数量很多。具体布置要求有:

1) 各种卧式旋转机械均应将其驱动轴沿船舶纵向布置,其转轴中心线尽可能水平,以防止由于船舶横摇时由于回转效应的影响,使机械设备产生额外轴承负荷,而使机械运转产生困难。因船舶实际纵摇(倾)总小于横摇(倾),这样布置使转轴的倾斜角变化相对较小,有利于正常运转。

2) 布置在机舱左右两侧的机械设备重量对中线面的力矩应尽可能保持平衡,以免产生横倾。重量大的设备,宜布置在底层,使其重心尽可能低,对船舶稳性有好处。

3) 机械设备尽可能按不同系统进行合理分区布置,将功能相同的系统和设备(如空压机与空气瓶,发电机组与配电盘等)集中在一个区域,便于操作管理和维修。

4) 消防泵等有向上连接管子的设备,尽可能布置在两舷,使管路沿舷侧向上铺设。

1.2.4　安全和管理要求

(1) 机舱应至少有两个通向开敞甲板的正式出入口和脱险通道,并应尽可能互相远离。其中之一可为带扶手的扶梯。小型渔船可以用机舱天窗作为逃生孔。

(2) 机舱内主辅机及各种设备的布置应留有足够的通道,以便操纵、维护和检修。因渔船大小不同,《规范》对通道的具体大小没有明确规定。《小型钢质渔船建造检验指南》(农业部渔船检验局)提供的数据可供参考。

从维修考虑,若为尾机舱布置,宜在不拆移主推力轴承或齿轮箱的条件下,能拆除螺旋桨轴或可调螺距螺旋桨的调距机械。各种热交换器的布置应至少在一端留有拉出管子的空间。

(3) 防火和人身安全防护:

1) 配电板的上方及后面,不应设置油柜及其他液体容器,也应避免设置蒸汽管、油管和水管。

2) 油管及油柜应避免设在锅炉、烟道、排气管、增压器等的上面,且油柜或油管接头与排气管等的间距应不小于 450 mm(或采取防滴溅措施)。

3) 所有温度较高的管路应包扎绝热材料,高温设备和飞轮、链条皮带传动等运动部件应设栏杆或防护罩。

4) 机舱内应有良好的通风及充足的照明。以保证机器的正常运转及改善机舱内部的工作环境。

5) 机舱控制主机的地方与驾驶室之间至少应设置两套独立的通信设施,其中一套应为能在机舱和驾驶室均可显示指令和回复的车钟。

1.3 渔船动力装置的发展

船舶动力装置的发展经历了人力到动力机械漫长的历史过程,近代动力机械的出现大大加速了船舶动力装置的发展。20 世纪 20~50 年代前,蒸汽机船处于优势地位,但目前由于更先进的船舶动力装置的飞速发展,使此类蒸汽机动力装置已濒临绝迹。

自 1893 年柴油机获得专利至今已有 100 年的历史,各种类型的柴油机在这期间得到了巨大的发展。据最近的资料表明,柴油机发展现状具有下列的特点:

(1) 电子系统相继在柴油机上应用,如电子控制喷油、调速、喷油提前角的自动调整。

(2) 由于人们越来越重视环境污染问题,相应的柴油机排放废气控制的法规相继产生,如控制 NO_X(氮氧化物)和硫化物的成分,近期作了大量的研究并取得了较大的成果。

(3) 各国纷纷研制气体燃料的发动机,这也是为了改善发动机排放废气的污染程度。

(4) 大多数柴油机制造厂继续致力于柴油机的可靠性、经济性及可维修性的研究。

(5) 集中科研技术力量发展新技术、新结构。

随着电子技术的发展和电子计算机在船舶动力装置设计、制造和使用中广泛的应用,船舶动力装置的综合自动化是一个总的趋势。可以预料,动力机械加自动化将会促进船舶动力技术革命的到来。

第 2 章　船用柴油机

2.1　船用柴油机概述

2.1.1　船用柴油机特点

2.1.1.1　船用柴油机分类

柴油机是用柴油为燃料的内燃机。符合船舶检验规范的规定,经验船部门检验认可并发给船用产品证书,适合在船上使用的柴油机称为船用柴油机。按照中华人民共和国渔政渔港监督管理局和渔船检验局的规定,渔船用柴油机应经渔船检验部门的检验方可装船。

(1) 船用柴油机的分类:

1) 按照完成工作循环的方法分,有四冲程柴油机(如潍坊柴油机厂生产的 6160 柴油机)和二冲程柴油机(如南通渔船柴油机厂生产的 150 系列柴油机)。

2) 按气缸冷却方式分,有水冷柴油机和风冷柴油机。

3) 按气缸进气方式分,有非增压柴油机和增压柴油机。增压比小于 1.7 的增压柴油机为低增压柴油机。增压比为 1.7 至 2.5 的增压柴油机为中增压柴油机。增压比大于 2.5 的增压柴油机为高增压柴油机。

4) 按活塞平均速度或曲轴转速分有:高速柴油机——活塞平均速度大于 9 m/s 或转速大于 1 000 r/min;中速柴油机——活塞平均速度为 6 m/s～9 m/s 或转速为 350 r/min～1 000 r/min;低速柴油机——活塞平均速度低于 6 m/s 或转速小于 350 r/min。

5) 按柴油机结构特点分有:筒形活塞式和十字头式柴油机;立式和卧式柴油机;根据气缸排列方式,有直列式、V 型、W 型和星型柴油机。

6) 按柴油机能否倒转分有:可倒转柴油机——曲轴可倒转的柴油机;不可倒转柴油机——曲轴不可倒转,改变螺旋桨转向需靠倒顺车离合器、齿轮箱或可调螺距螺旋桨。

(2) 船用柴油机的型号:我国生产柴油机的型号由数字和汉语拼音字母组成,它能反映出该柴油机的主要结构、用途。

1) 中高速柴油机:这类柴油机的型号表示四个方面的内容。第一部分为气缸数,第二部分为技术特性,第三部分为气缸直径,第四部分为进气状态和用途。

型号示例:

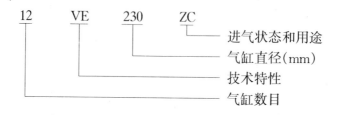

中、高速柴油机型号表示中的气缸排列形式及技术特性代号意义,目前我国尚未明确规定,现仅就部分工厂规定介绍如下。

技术特性代号:

V——表示气缸排列为 V 型,不用 V 表示则为直列式机型。

E——表示二冲程,不用 E 表示则为四冲程。

进气状态和用途:

C——船用,无 C 字为陆用。

Z——增压,无 Z 字则为非增压。

上述示例即为:12 缸、V 型、二冲程、气缸直径 230 mm、增压船用柴油机。

又如 2105C 型表示为 2 缸、直列式、四冲程、气缸直径 105 mm、非增压船用柴油机。

2) 大型低速柴油机:这类柴油机的型号表示四个方面的内容。第一部分为气缸数;第二部分为技术特性代号;第三部分为气缸直径和活塞行程;第四部分表示改型的第几代产品。

型号示例:

技术特性代号是以汉语拼音第一字母来代表其含义,即:

E——二冲程,不用 E 则表示四冲程机。

S——十字头,不用 S 则表示筒形活塞式。

D——可以直接倒转,不用 D 则表示不可直接倒转。

Z——增压,不用 Z 则表示非增压。

上述示例即表示该机为 6 缸、二冲程、十字头式、可逆转、增压、船用低速柴油机,其气缸直径为 750 mm,活塞行程为 1 600 mm,为第二代改型产品。

又如 9EDZ43/67 型号的柴油机,表示该机为 9 缸、二冲程、筒形活塞式、可逆转、增压船用低速柴油机,其气缸直径为 430 mm、活塞行程为 670 mm。

2.1.1.2　船用柴油机的特点

渔船要在风浪颠簸的恶劣环境中航行和作业,所以船用柴油机与陆用柴油机工作环境有很大的差别。为保障渔船的安全航行作业,《规范》对船用柴油机提出了一些特殊的要求。

对渔船柴油机最基本的要求,应是工作可靠、经济性好和维修管理方便。此外,船用柴油机还具有如下特点:

(1) 船用柴油机额定功率的确定:用于无限航区的船用柴油机,额定功率应是在机舱环境空气温度为 45℃、绝对大气压 0.1 MPa、相对湿度为 60%、海水温度为 32℃ 的基准环境条件下,柴油机输出轴上测得的最大持续功率。额定功率的相应转速为额定转速。船用柴油机还应具有 110% 额定功率连续运转 1 h 的能力。

船上采用陆用派生的柴油机时,因其额定功率的标定有以下两点不同,故需换算额定功率。一是陆用柴油机的额定功率是指连续运转 12 h 的有效功率,因此,换算为船用机的额定功率(长期持续有效功率)一般应乘以 0.90 的换算系数;二是陆用柴油机额定功率的基准环境条件为:空气温度 20℃、绝对大气压 0.101 3 MPa(760 mmHg)、相对湿度 50%。因此,陆用机额定功率换算为船用机额定功率时,还应再乘以基准环境条件差异的修正系数 0.91。

日本渔船功率有特殊规定称为"农林马力",有专门的计算公式,与我国船用柴油机额定功率相差甚大。

(2) 渔船柴油机应能在下述状况下可靠地工作:

1) 300 kW 以上的柴油机:横倾 15°、纵倾 5°、横摇 22.5°、纵摇 7.5°。

2) 不超过 300 kW 的柴油机:横倾 15°、纵倾 7°、横摇 22.5°、纵摇 10.5°。

(3) 为保证渔船具有足够的机动性,推进系统应能倒车运转:大、中型船用主柴油机一般为可倒转柴油机;小型船用柴油机若为不可倒转柴油机,则应相应地配置倒顺车离合器、倒顺车齿轮箱或可调螺距螺旋桨。

可直接倒转的主机,其倒车功率(在台架上测得)应不小于正常额定功率的 75%。换向时间应不大于 15 s。

(4) 主柴油机应有良好的低转速工作性能。《规范》规定,中速机的最低稳定工作转速一般不高于额定转速 40%,高速机不高于 45%。

渔船在海上作业时,工况变化频繁,所以,柴油机低转速工作性能尤为重要。

(5) 船用柴油机应装有可靠的调速器和超速保护装置。每台主机应装有可靠的调速器,使主机转速不超过额定转速的 115%。当主机额定功率大于 220 kW 时,还应装有超速保护装置,以防止主机的转速超过额定转速的 120%。超速保护装置应是与调速器完全分开的独立运行系统。

柴油发电机组中柴油机的调速性能为瞬时调速率不大于额定转速的 10%,稳定调速率不大于额定转速的 5%,稳定时间(转速恢复到波动率 ±1% 范围的时间)不超过 5 s。额定功率大于 220 kW 的带动发电机的柴油机还应装有独立运行的超速保护装置,以防止柴油机转速超过额定转速的 115%。并联运行的发电机组,其调速器的稳定调速率应尽量相同。

(6) 船用柴油机的起动应迅速、可靠。供主机起动的空气瓶的总容量应在不补充空气的情况下,对每台可换向的主机应从冷机正倒车交替连续起动不少于 12 次;对每台不可换向主机从冷机连续起动不少于 6 次。起动辅机发动机的空气瓶容量,冷机起动功率最大的辅机不少于 6 次。

起动用的蓄电池组的容量应在不补充充电的情况下,从冷机起动每台主机不少于 12 次;每台辅机不少于 3 次。

(7) 扭转振动的要求。主柴油机推进及前端输出功率传动系统、重要用途的额定功率等于或大于 110 kW 的辅柴油机系统均需进行扭振计算,并由船检部门进行审查。

(8) 渔船主柴油机前端需带动多种辅机,所以要求具备较大的前端输出能力。

此外,《规范》对船用柴油机曲轴的强度计算、曲轴和其他重要零部件的材料理化性能、材料试验、无损探伤试验、液压试验等均有专门规定,此处不再详述。

2.1.2 船用柴油机基本结构

2.1.2.1 筒形活塞式柴油机的基本结构

柴油机的结构比较复杂,而且型式很多,但它们的结构有许多相同或相似之处。本节仅简要介绍渔船普遍采用的筒形活塞式柴油机的基本结构和辅助系统。图 2-1 为一台四冲程筒形活塞式柴油机的横剖视示意图,基本上表示出柴油机的基本结构。它包括:

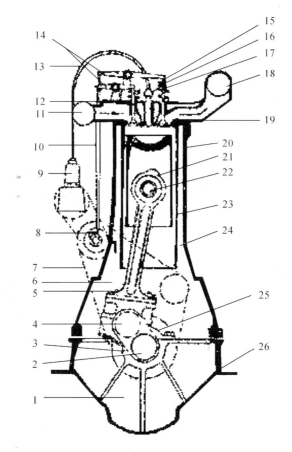

图 2－1　柴油机的构造简图

1－曲轴箱；2－曲轴；3－主轴承；4－曲柄销；5－连杆螺栓；6－连杆；7－凸轮轴传动装置；8－凸轮轴；9－喷油泵；10－顶杆；11－进气总管；12－进气阀；13－高压油管；14－气阀摇臂；15－喷油器；16－气阀弹簧；17－排气阀；18－排气总管；19－气缸盖；20－水套；21－活塞；22－活塞销；23－气缸套；24－气缸体；25－轴承座；26－机座

（1）燃烧室组件：燃烧室由气缸盖 19、活塞 21 和气缸套 23 等组成，是柴油燃烧和燃气膨胀的气缸工作空间。

（2）曲柄连杆机构：包括连杆组件和曲轴组件。连杆 6 的小头用活塞销与活塞连接，大端与曲轴 2 的曲柄销 4 连接。曲柄连杆机构将活塞的往复运动转变为曲轴的回转运动，把推动活塞的燃气压力转变为扭矩，通过曲轴输出。

（3）支承连接组件：它包括主轴承 3、机座 26 和机体 24 等。主要功能是支承和安装柴油机的所有运动机件、固定机件和附属设备。

（4）配气机构：由凸轮轴 8、顶杆 10、进气阀 12、摇臂 14、气阀弹簧 16、排气阀 17、进气管 11 和排气管 18 等组成；用来在规定的时间以曲轴转角计算向气缸内充入足够的新鲜空气和将气缸内作功后的废气排入大气。

（5）燃油喷射机构：由高压油泵 9、高压油管 13、喷油器 15 等组成，用来在规定的时间以曲轴转角计算将柴油呈雾状喷入气缸。

二冲程柴油机的基本结构与四冲程柴油机相同。不同的是二冲程柴油机用扫气泵进行扫气,完成向气缸内充入新鲜空气和排除废气的功能,所以无四冲程柴油机的配气机构,另设扫气装置。由于扫气口开在气缸套上,从而省去了进排气阀及传动机构,简化了柴油机的构造。图2-2为二冲程柴油机的横剖视示意图。

2.1.2.2　柴油机的辅助系统

柴油机的辅助系统如图2-3所示。它主要包括燃油系统、润滑系统、冷却系统、起动系统和调速、换向、操纵系统。

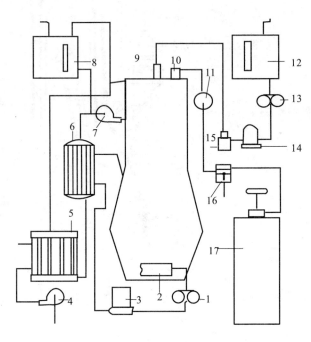

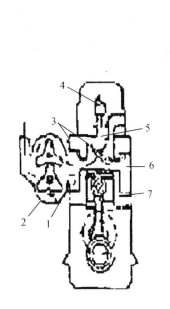

图2-2　二冲程柴油机的结构

1,6-扫气室;2-扫气泵;3-扫气口;
4-喷油器;5-排气阀;7-活塞

图2-3　柴油机的辅助系统

1-润滑油泵;2-滤网;3-润滑油滤清器;4-海水泵;5-淡水冷却器;
6-润滑油冷却器;7-淡水泵;8-膨胀水箱;9-喷油器;10-气缸起动
器;11-起动空气分配器;12-日用燃油柜;13-燃油输送泵;14-燃油
滤清器;15-喷油泵;16-主起动阀;17-储气瓶

（1）燃油系统:由日用燃油柜、燃油输送泵、燃油滤清器连同柴油机燃油喷射机构组成。用来向柴油机输送清洁的燃油并将燃油喷入气缸。

（2）润滑系统:润滑油泵1经滤网2从柴油机下部油池吸入润滑油,压送经润滑油滤清器3、润滑油冷却器6后进入柴油机内的摩擦面,使作相对运动机件间的摩擦面得到润滑。

（3）冷却系统:冷却系统分闭式冷却系统和开式冷却系统。在闭式冷却系统中,海水泵4从船外吸入海水,送至淡水冷却器5,冷却淡水后排到船外;冷却过气缸套、气缸盖和排气管等的淡水,经淡水冷却器降温后,进入润滑油冷却器冷却润滑油,再被淡水泵7送入柴油机冷却水空间。膨胀水箱8用来补充调节淡水水量。

开式冷却系统直接由海水冷却柴油机气缸套等和润滑油冷却器,省却了淡水系统。但海水盐度高,对柴油机部件腐蚀性大。

（4）起动系统:渔船上除有的小功率柴油机用电起动外,多数采用压缩空气起动系统。起动时,打开空气瓶17的排出阀和主起动阀16后,压缩空气经起动空气分配器11、气缸起动阀

10 进入气缸,推动活塞运动,同时,燃油系统将燃油供入气缸,使柴油机投入工作。

（5）调速、换向装置和操纵系统:调速装置的作用是使燃油系统高压油泵的供油量随负荷变化而自动改变,以使柴油机转速保持稳定。换向装置(指可倒转柴油机)用来改变柴油机曲轴的转向。操纵系统用来控制柴油机的起动、调速、换向和停车等。

2.2　船用柴油机的安装要求

2.2.1　主机的安装要求

（1）主机安装位置应符合轴系布置图规定的位置与尺寸。

（2）主机的机座应有足够的刚性,并用螺栓或螺栓及止推板等方法或按照验船部门认可的方法,可靠地固定在具有足够刚性的船舶基座上。

（3）如果主机座仅用螺栓固定时,其紧配螺栓的数量一般不少于螺栓总数的 15%。如用止推板及螺栓固定,则止推板结构应送审。

（4）紧配螺栓处的垫片应为整块拂配垫片。其厚度一般是:铸铁垫片的厚度不得小于 20 mm,钢质垫片的厚度不得小于 12 mm。

（5）如采用浇注型环氧树脂垫片安装时,其材料配方和浇注工艺应经验船部门认可。考虑到塑料垫片的压缩量,主机输出轴中心线应预先提高 $1/1\,000$ 的塑料垫片厚度,且塑料垫片厚度应控制在 $15\sim70$ mm 之内,并且校核整个机座树脂垫片的承压面积(计及主机重量及底脚螺栓的预紧力),一般树脂垫片的许用承压强度取 35 kg/cm^2。

2.2.2　发电机组柴油机的安装要求

（1）目前柴油发电机组已采用共同基座配套供货,柴油机输出轴和发电机输入轴两轴校中由制造商保证。少数没有共同基座的柴油机和发电机,则需要船厂配置共同基座。在柴油机轴和发电机轴采用刚性联轴节连接时,则两轴校中偏差允许值偏移 $\delta \leqslant 0.10$ mm,曲折 $\varphi \leqslant 0.15$ mm/m,如采用非刚性联轴节时,则两轴校中偏差允许值应符合联轴节技术要求。

（2）柴油发电机组安装垫片的拂配类似于主机拂配要求。待所有机组附件等安装完毕后应进行臂距差测量,其最大读数一般不大于 $1/10\,000$ 活塞冲程(mm)。靠近飞轮端的一个缸组的值可能因飞轮自重、联轴节类型、发电机支承而偏大可以放宽,但应满足产品说明书要求。

第3章 轴系与螺旋桨

3.1 轴系的结构与布置

3.1.1 轴系的结构

3.1.1.1 轴系的作用和分类

渔船从主机至推进器之间,以传动轴为主的一整套设备统称为传动设备,也称轴系,它是渔船动力装置的重要组成部分。轴系的作用是将主机发出的功率传递给推进器,同时又将推进器在水中旋转产生的轴向推力传递给船体,以推动船舶在水中运动。

根据带动螺旋桨的数目,轴系分为单轴系(1 个螺旋桨)和多轴系(2～3 个螺旋桨)。轴系的数目主要取决于渔船作业要求、船体主尺度和工作可靠性。

轴系又可根据其长短分为长轴系和短袖系。具有两根或两根以上中间轴的轴系或中间轴的总长度与直径之比大于 30 的轴系,称为长轴系。具有一根以下中间轴的轴系或中间轴的总长度与直径之比小于或等于 30 的轴系,称为短轴系。

轴系的长短是由机舱的位置决定的。长轴系的柔性比较好,比较容易调整,但安装调整工作量大。短轴系的刚性比较大,安装的要求也相对较高。

3.1.1.2 轴系的结构

渔船轴系结构通常包括传动轴(尾轴、中间轴、推力轴)、支撑部件(中间轴承、推力轴承、尾管装置)、联轴器、制动装置、离合变速装置、防漏装置等部分。

(1)传动轴:

1)尾轴:传动轴中,如尾轴伸出船体过长并由两段组成,则装螺旋桨的那段轴称为螺旋桨轴,装在尾轴管内的轴称为尾轴或尾管轴。一般渔船螺旋桨均装在尾轴上,尾轴即指螺旋桨轴,简称桨轴。它是轴系中最后一段轴。

装有轴套或直接与尾轴轴承接触部分称工作轴颈,工作轴颈之间的中间部分称轴干。轴干部分一般包覆玻璃钢防腐保护层。尾部制成锥形,供装螺旋桨,端部有螺纹,用来装锁紧螺母,螺纹应与轴系的转向相反,尾轴首部一般也制成锥形,供装可拆式联轴器用(有的也与法兰制成一整体,安装时须由船内向外装)。

《规范》规定,桨轴锥形部分的锥度应小于或等于 1/12;锥体部分与圆柱部分相连处不应有凸肩或圆角。

2) 推力轴:推力轴一般设在齿轮箱输出轴与中间轴或尾轴(无中间轴者)之间。其作用是将螺旋桨产生的推力通过推力轴承传递到船体。推力轴上设有整锻式法兰,中间的大法兰称为推力环。由于推力环要承受较大的推力,所以推力轴的直径比中间轴直径大,并且在推力环两侧近处的轴颈上用两道径向轴承支承。推力轴的长度一般比中间轴短得多,其长度以足够安装推力轴承及与相邻轴的法兰相连即可。

在轴系较短的小型渔船上,如齿轮箱或主机本身就设有推力轴承,能够承受螺旋桨产生的推力,也可不设推力轴。

3) 中间轴:中间轴是设在推力轴与尾轴之间起连接作用的轴。两端有整锻法兰或可拆联轴器,用来与其他轴相连,靠近一端法兰处设工作轴颈,与中间轴轴承配合。

传动轴在运转中由于受力情况复杂,因此要求其材料具有足够的强度、高的冲击韧性、疲劳强度和良好的耐磨性。《规范》对传动轴材料选择范围均有规定。一般渔船广泛采用优质碳素钢经过锻制做为传动轴的材料,用得较多的是 35 号优质碳素钢。小型渔船允许采用直径不超过 250 mm 的热轧圆钢制造传动轴。

传动轴的最小直径以及轴径的修正,《规范》提供了计算公式,此处不作详述。

(2) 支撑部件:

1) 中间轴承:中间轴承是为了减少轴系挠度而设置的支承点,用来承受中间轴本身自重和运转时产生的径向负荷。中间轴承按其基本结构和与中间轴接触部分的摩擦形式,分为滑动轴承和滚动轴承两种。

目前渔船轴系多采用滑动式中间轴承。中间轴的轴颈直接与中间轴承中的浇有白合金的轴瓦相接触,轴瓦置于轴承座上。这种轴承结构简单,制造成本低,承受冲击载荷能力好,安装维修方便。

滑动式中间轴承一般不采取压力润滑,润滑油靠中间轴旋转带动油盘或油环从轴承油池中带起油流入轴颈与轴瓦之间。

滚动式中间轴承一般选用带锥形紧定套的双列向心球面球轴承或双列向心球面滚子轴承。前者适合于小于或等于 60 mm 的轴径,后者适合于大于 60 mm 的轴径。这两种滚动轴承均能够自动调位,能在轴有轴向移动(温度变化或正倒车变化)或轴发生 2°～3°倾斜(船体变形)时正常工作。紧定套的应用可使轴承安装在轴上不同位置,且多次装拆也不影响装配质量。滚动轴承的润滑,一般采用润滑脂作润滑剂,润滑方式是定期旋紧黄油杯盖,压入一定数量的润滑脂到轴承中,旋入量为滚动轴承空隙的 $1/2 \sim 1/3$,过多会使轴承过热。

滚动式中间轴承与滑动式中间轴承相比,具有摩擦系数小,滑油消耗少,一般不需冷却,便于修理更换等优点。但其承受冲击载荷能力较差,运转时噪声大,对安装工艺要求较高,要求其中间轴至少有一端需采用可拆联轴器。

2) 推力轴承:轴系中设有推力轴就需要设推力轴承。推力轴承与船体牢固连接,将推力传递到船体。推力轴承有滑动式推力轴承和滚动式推力轴承两种。

滑动式推力轴承最常用的是单环式滑动推力轴承,也称"米契尔"式推力轴承。推力轴承前后支撑垫上,均匀分布浇有白合金的扇形推力块。推力块背后设有硬化顶头,偏心地支承在支撑垫上。这样推力轴运转时,在推力环与推力块之间形成楔形油膜,实现液体摩擦,既能使推力块受力均匀,又可减少摩擦损失。

推力轴承润滑方式有两种。一种是压力润滑,用油泵将滑油打入推力轴承,工作后受热的滑油抽至冷却器冷却后回到循环油柜。另一种是单独自然润滑,滑油不做压力循环,轴承靠飞溅润滑,受热的滑油通过引进的舷外水进行冷却。

滚动式推力轴承一般用在小功率、高转速的快艇上。

3) 尾轴管装置:尾轴管装置一般由尾轴管、尾轴承、密封装置以及润滑与冷却系统组成,其作用是支承尾轴(螺旋桨轴)防止舷外水漏入船内或滑油外泄。

①尾轴管:尾轴管有整体式和连接式两种。

整体式尾轴管用在单轴系的渔船上,内部装有尾轴承、尾轴、密封装置等构件。安装时,尾轴管由船内向外穿过隔舱壁及尾柱。尾管后端有外螺纹,用螺母将其与尾柱固紧。尾轴管前端设有法兰,将其固定于水密舱壁的焊接座板上,法兰与座板间往往装有铅质垫片。

连接式尾轴管一般用在多轴系渔船。它借法兰或螺纹法兰固定于尾轴架(人字架)毂和前支承上。

渔船用尾轴管一般用铸钢或铸铁件加工制作,小型渔船也有用钢管制做。

②尾轴承:尾轴承设在尾轴管或人字架和前轴承座中。因其工作条件恶劣,运转期间难于检查和维护,所以要求其有坚固的结构,能长期可靠地工作。

尾轴承有油润滑和水润滑两种形式。以油润滑的轴承一般使用寿命长,摩擦系数小,尾轴在尾轴管内无需采取防腐蚀措施,但技术(特别是后油封防漏)要求高。以水润滑的轴承设备简单,管理方便,不耗用润滑油,不会污染水域。

尾轴承由轴承衬套及其内浇铸或镶嵌的摩擦材料组成。油润滑的尾轴承一般用铜套轴承,铜套以静配合方式压入尾轴管内。铜套材料多为黄铜或锡青铜。也有的在衬套内表面浇铸一层白合金,改善其耐磨性。水润滑的轴承可采用铁梨木、层压胶木、橡胶、增强塑料、MC尼龙布等制成,鉴于铁梨木需进口且价格昂贵,故渔船使用层压胶木和橡胶轴承的较多。

层压胶木是用浸过合成树脂的桦木胶合板压制而成,具有较好的耐腐性和较高的硬度,能承受较大的冲击载荷,成本也低。

橡胶尾轴承的结构有板式和整铸式两种。板式为橡胶中加入金属芯条(以增加其刚性及便于用埋头螺钉定位),在压模中硫化制成。整铸式是将橡胶用模具直接硫化于衬套内。橡胶轴承因其弹性好,能减轻泥沙对轴的硬摩擦,故能在含泥沙的水域中工作,也可吸收轴系的振动,且造价较低、管理方便、故障少;缺点是温度超过 70℃ 时橡胶会很快老化,使硬度降低,摩擦系数急剧增加,而且橡胶不能镗削加工。

层压胶木尾轴承和橡胶尾轴承工作时均需要充足的冷却水。

③尾轴管密封装置:为了防止水沿尾轴进入船内及润滑油外漏,在尾轴管装置中必须设密封装置,尾轴管密封装置可分为首部密封装置和尾部密封装置两种。如采用水润滑形式,尾轴管只需在其首部安装密封装置,以防止海水漏入船内,如采用油润滑形式,其首部密封装置是防止润滑油漏入船内,其尾部密封装置既要防止润滑油漏到船外,又要防止海水进入尾轴管。随着国际海洋防污染公约生效,各国对因尾轴漏油造成的污染处罚日趋严厉。我国渔船到国外生产时,往往因漏油污染海洋被罚款。所以对尾轴管密封装置必须引起重视。

尾轴管密封装置形式很多,渔船常用的是填料函式。将浸透含有石墨或滑石粉滑油的填料充填于尾轴与尾轴管间的空隙。靠填料压盖通过压盖衬套压紧填料,使之与尾轴贴合,以达到密封的目的。尾轴首端为固定法兰时,填料压盖、压盖衬套等为便于拆装,均由两半组成,其结合面应位于通过中线的平面上。

填料函的优点是结构简单、制造方便、价格较低。当发现密封处有泄漏时,稍增加压盖压力即可消除。当需要更换填料时,退出压盖即可更换。缺点是对轴颈磨损较大,密封性能较差。因此尾轴采用油润滑时,通常采用迷宫式油封。

④尾轴管装置的润滑与冷却系统:为了润滑和冷却尾轴管轴承,需要供给足够的润滑油或水,否则轴和轴承间形成干摩擦,使轴承发热受损,甚至将轴卡死。

白合金尾轴承通常用润滑油润滑。润滑油专用储存柜放置在水线以上部位,航行时依靠重力流入尾轴管。航行一定时间后可用手摇泵往尾轴管补充新油,污油从放油管放出。

水润滑的尾轴管轴承,水既是润滑剂又是冷却剂。可以用船外水来润滑,也可以用专门冷却水管进行压力水润滑。无论哪种方法供水,都要求有足够的水保证轴承良好的润滑和冷却。特别是前部轴承,易成润滑死角。所以即使以自由流动的船外水润滑尾管轴承,首部轴承或填料函附近仍需接一进水管。

(3) 传动轴连接设备——联轴器:连接不同轴段使其同方向旋转并传递扭矩的装置称联轴器。传动轴的联轴器分为刚性联轴器和弹性联轴器两种,刚性联轴器所连接的两根轴要求轴系保持严格对准,否则在轴上会产生很大的应力。弹性联轴器允许两根轴的轴线有一定范围的偏差,因其内部装有橡胶或弹簧等弹性零件,所以有一定的缓和冲击和吸收振动的能力。

1) 刚性联轴器:渔船轴系刚性联轴器主要有法兰联轴器(整体式、可拆式)、夹壳式联轴器。

①法兰联轴器:整体式法兰联轴器是把法兰与轴一体锻成,它具有连接简单可靠,重量轻及制造成本低等优点。法兰与轴允许采用合理的焊接结构。焊前应预热,焊后要进行退火处理,焊缝须经超声波探伤检查合格。

可拆式法兰联轴器的法兰与轴是分开的。为拆装方便渔船尾轴一般由船尾向船首方向插入,因此尾轴的首端不能用整体联轴器法兰,必须采用可拆式法兰联轴器。此外,如轴系采用滚动轴承时,也必须采用可拆式法兰联轴器。可拆式法兰联轴器的法兰用锻钢锻造,它与轴用锥面连接,并用键传递扭矩。法兰的内端面用螺母与轴端螺纹配合旋紧。此螺母应足以承受螺旋桨倒车时的拉力,并有防松措施。

《规范》对法兰联轴器的法兰厚度、法兰根部圆角半径、连接键和法兰螺栓均有规定。

②夹壳式联轴器:夹壳式联轴器是用沿轴向部分的两块半圆形的夹壳将相邻两段轴的轴端夹紧,并将两轴连接起来的装置。

夹壳式联轴器重量较大,安装时两轴轴线不能很好对中。其优点是装拆时轴不需轴向移动;横截面外形尺寸小,适宜于安装在机舱尾部狭窄处。

夹壳式联轴器是靠轴与夹壳的摩擦力传递扭矩。一般在加工夹壳内表面时,两半圆接合面处加 2 mm 左右的垫片,安装联轴器时,去掉垫片,使两半圆夹壳紧紧压在轴上,以增加摩擦力。

2) 弹性联轴器:弹性联轴器的种类很多,下面仅介绍两种较常见的高弹性联轴器。

①橡胶弹性联轴器:

图 3－1 为 XL 系列高弹性橡胶联轴器的结构,它是目前我国使用较为普通的一种高弹性整圈橡胶联轴器。其主要弹性元件为弹性传扭元件和橡胶组合件(图 3－2)是由一个同心的金属内轮、外轮和橡胶组成的扭转弹性体。通过橡胶硫化作用,金属与橡胶直接粘结成一整体联轴器由一对称的橡胶组合件构成。在自由状态下(图 3－2(a))外轮端口之间有一间隙"2 S",装配时用螺栓把外轮沿轴向彼此压紧,使间隙 2 S＝0(图 3－2(b))由于金属与橡胶粘结面是呈 α 锥角的斜面,所以两个外轮压紧后,橡胶圈受到预压缩力,约 0.196～0.294 MPa,这样不但补偿了橡胶硫化后具有 1.5%～2% 的收缩率,而且额外增加了约 2% 的压缩量。使橡胶圈受扭转拉伸时,橡胶与金属粘结面强度以及橡胶圈本身的强度得以大大提高。

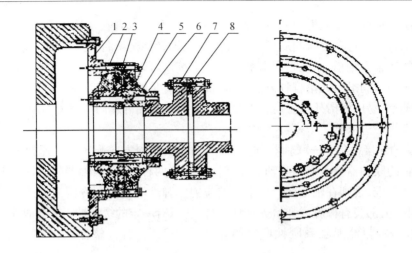

图 3-1 XL 系列高弹性橡胶联轴器

1-联轴器;2-外轮;3-外限制盘;4-橡胶体;5-内限制盘;6-定位环;7-联结法兰;8-圆盘

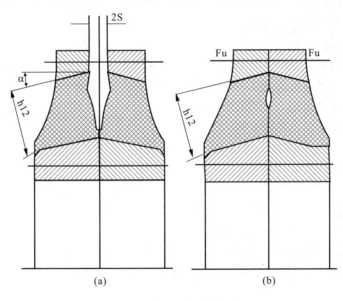

图 3-2 橡胶圈预压缩原理

为了限制联轴器承受过大的意外瞬时负载,依靠外限制盘 3 和内限制盘 5(见图 3-1)把最大扭转角限制在 25°内。

联轴器内轮圈与输出法兰 7(图 3-1)的联接至少应有 50% 的紧配螺栓,其余可采用一般拉紧螺栓。扭矩主要是依靠螺栓组的锁紧力产生于接触面的摩擦扭矩来传递的,所以对扳紧螺栓的固紧力矩应符合设计计算的要求,同时应加有防松装置。

②金属弹簧联轴器:图 3-3(a)是一种具有较大阻尼和弹性的金属簧片联轴器,称高阻尼金属簧片联轴器(也称盖斯林格联轴节)。

它的结构主要由内轮和外轮两部分组成。通常,内轮作为输出端,外轮作为输入端,但亦可互换。内轮部分的主要零件是花键轴 1;外轮部分的主要零件是侧板 2,中间块压紧螺栓 3,

锥形环 4,外套圈 5,限位块 6,带法兰的侧板 7 等元件。在内、外轮元件之间径向布置着数组到十数组金属簧片 10,它的一端与外轮元件固定,另一端镶入花键轴槽内。利用金属簧片自由支撑作用,达到内外部件之间(主动件与从动件)扭矩传递。由图 3-3(b)所示,依靠金属簧片组在扭矩传递时具有较大挠曲变形,使联轴节具有较好的弹性。内部油腔 9、11 充满滑油,起到缓冲阻尼作用。

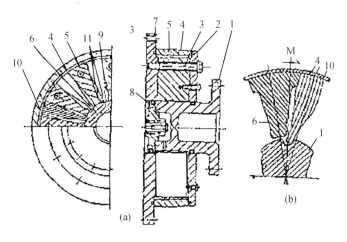

图 3-3　高阻尼簧片联轴器

1-花键轴;2-侧板;3-中间块压紧螺栓;4-锥形环;5-外套圈;6-限位块;
7-带法兰侧板;8-压板;9、11-油腔;10-弹簧片

簧片组结构分双向运转对称型和单向运转非对称型,以适应发动机的需要。

高弹性联轴器具有良好的弹性和阻尼特性,多安装在高中速柴油机和齿轮箱之间,以避免柴油机在使用范围内出现危险的共振转速。此外,安装弹性联轴器后还可以补偿船体变形及安装误差对齿轮箱的影响,保证传动装置的安全运转。

(4) 离合变速装置:轴系的离合变速装置包括离合器和变速齿轮箱或二者的结合。

1) 离合器:离合器是一种通过各种操纵方式,实现主从动轴在同轴系上传递运动和扭矩时具有接合或分离功能的装置。

对离合器的要求是:离、合迅速,平稳无冲击,分离彻底,动作准确可靠;结构简单,制造、调整、维修方便,工作安全,效率高;结合元件耐磨性好,使用寿命长,操纵方便省力。

离合器型式很多,渔船一般选用多片摩擦离合器、气胎摩擦离合器和圆锥摩擦离合器。

多片摩擦离合器有干式和湿式之分。它们共同特点是结构紧凑,轴向和径向尺寸较小;传递扭矩可靠,随着摩擦片数量增加,传递扭矩能力相应增加,而离合器尺寸重量却增加不多。缺点是结构复杂,加工和安装要求高。如安装工艺不保证,易引起"带排"和发热。湿式多片摩擦离合器由于摩擦片局部浸在油中,散热情况好,润滑充分,工作稳定。但要注意使用润滑油应符合规定。

气胎摩擦离合器是利用气压扩张气胎达到摩擦接合。其特点是气胎为橡胶空心胎,具有良好的弹性,能吸收和缓和摩擦副上的机械振动,对齿轮和轴系有保护作用;安装要求低,在主从动轴轴线存在一定偏移曲折和轴向位移时,仍能正常工作;接合平缓,脱开迅速,空转性能好,摩擦面磨损后能自动补偿;结构简单,易实现遥控。缺点是外形尺寸较大,气胎和摩擦面严防与油类接触,否则橡胶易老化和降低摩擦系数;因气胎在低温下会脆化,高温时性能降低,所以一般使用温度范围在 $-20\sim60℃$ 之间。

圆锥摩擦离合器是靠镶有摩擦材料的内外圆锥等实现离合。该型离合器有单锥与双锥之分。其特点是结构简单、紧凑,安装校中要求不高,摩擦面磨损后能自动补偿。

2) 船用齿轮箱:船用齿轮箱是通过齿轮系传输发动机功率的闭式传动装置。

船用齿轮箱的功能是:①使螺旋桨或工作机构与发动机有不同的转速。一般螺旋桨的转速越低,直径越大,它的效率越高。渔船船小相对主机功率大,多数用中高速柴油机,为使螺旋桨有尽可能高的效率,渔船多配有减速齿轮箱。有的拖网渔船为在不同工况下均能较充分地发挥主机的功率,还配有双速比减速齿轮箱。渔船主机前端输出带动的高压油泵,其工作转速比主机高,则需配置增速齿轮箱。②在固定螺距螺旋桨与不可反转主机组成的渔船推进装置中,可以靠齿轮箱实现正倒车。③有的齿轮箱内装有离合器,能使主机与轴系接合或脱开。④可以利用齿轮箱的输出轴传动其他辅助机械。

传动装置设计或选配齿轮箱时,主要依据齿轮箱的下述参数:

①额定扭矩——额定工况下齿轮箱输入轴的扭矩。齿轮箱的额定扭矩应等于或大于主机的额定扭矩。

②额定传递能力——在额定工况下,齿轮箱输入轴每转一转所能传递的功率(kW/r/min)。它表示齿轮箱的工作能力。齿轮箱的额定传递能力应等于或大于主机在额定工况下每转一转所输出的功率。

③减(增)速比——齿轮箱输入轴的转速与输出轴的转速之比。在推进装置中,该比值实际上反映主机与螺旋桨转速之比。

渔船用齿轮箱是推进装置的重要组成部分,为保证其安全可靠地工作,《规范》对齿轮箱齿轮、轴、箱体等的材料、结构、强度、制造精度和试验均有规定。且应经产品检验和认可才能上船。

对渔船齿轮主要性能要求是:运转可靠,操纵灵活,换向和离合的效用正常,没有打滑、带排、振动、发热和异常响声等现象;齿轮箱的滑油系统应是独立的,传递功率大于 441 kW 时应设备用滑油泵,对多机多桨渔船,可仅设一台备用滑油泵;对于驾驶室遥控的齿轮箱,还应能在机旁就地操纵。液压控制的齿轮箱,应有应急的机械联接机构,当液压系统失灵时能保证渔船具有一定的航行能力;可倒顺的齿轮箱,换向时间不大于 15 s,任意换排的最大转速不小于主机额定转速的 70%。设计时应考虑在紧急情况时,不小于 90% 的额定转速下,应能迅速换排。能传递的倒车功率不小于顺车额定功率的 70%。

(5) 防漏装置:防漏装置主要是尾轴管密封装置和隔舱填料函。尾轴管密封装置已在本节作了介绍,现只介绍隔舱填料函。

隔舱填料函是为保持轴系穿过水密舱壁时的水密性而设置的密封装置。隔舱填料函的结构型式有整体式和对开式两种。

整体式隔舱填料函用于轴端装有可拆式联轴器的轴上。由于它结构简单、重量轻、多用于小船上。

对开式隔舱填料函用于带整锻法兰联轴器的轴上,其特点是零件均分为两半。对开式隔舱填料函又分为椭圆形和圆形两种型式。椭圆形对开式隔舱填料函具有外形尺寸小、重量轻、占舱壁开口面积小等优点,因而中小型渔船使用较多。

隔舱填料函的规格应按中间轴直径和该处最大水柱压力来计算。对填料函的要求最主要的是在装配完毕后保证水密;其次是尽可能减少传动轴的传动损失,正常工作温度不宜超过60℃;再次是力求结构简单,外形尺寸小,易拆装,便于调整和修理。

3.1.2　轴系的布置

3.1.2.1　轴线的布置

轴系传动轴通常是由几段位于同一直线上的轴连接起来的。传动轴各轴中心线构成的直线称为轴线。轴线的布置与主机和螺旋桨的布置一起完成且相互起决定作用。单轴系的轴线布置在船舶纵中剖面上,双轴系的轴线往往在纵中剖面两侧对称布置。我国南方群众渔业船舶,也有在纵中剖面上布置一台主机,在一侧(或两侧)布置一台或两台边机的情况。

在小型渔船上,往往由于主机及螺旋桨布置受到限制,特别是双桨,其轴线多与水平线成一倾斜角(即轴系倾斜布置),轴系的倾斜使螺旋桨的有效推力降低。为了使有效推力不致明显下降,轴线与基线的倾斜角 α 一般限制在5°以内,对双轴线的船舶,偏斜角 β 一般限制在3°以内,如图3-4所示。

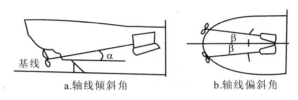

a.轴线倾斜角　　　　b.轴线偏斜角

图 3-4　轴线倾角

3.1.2.2　对渔船轴系的一般要求

(1)足够的强度和刚度:传动轴以及相关附件在长期运转中应能承受可能遇到的最大负荷,并不致产生永久的变形。为此,传动轴及其附件应满足《规范》的有关要求。如材料的选择、传动轴直径、尾轴承长度、轴套厚度、法兰连接螺栓直径、法兰厚度、扭振许用应力等。

(2)便于制造安装:轴系的各组件,在结构上应便于加工,在渔船上安装拆卸方便,且便于轴线的对中校正,磨损(坏)后易于修复。

(3)传动损失小:轴系的传动损失,主要来自轴承处的摩擦,所以要正确选择轴承数量、轴承种类和润滑方式。

(4)适应船体的变形:即使在渔船正常工作情况下,船体变形也不可避免。轴系的结构和布置应尽可能减小船体变形的影响,以免产生过大的附加应力。为此,应选择适当的轴承数目与间距,中间轴轴承尽量靠近舱壁布置;传动轴与主机的连接宜采用弹性联轴器等。

(5)避免与船体共振:《规范》规定,推进及前端输出传动系统应进行扭转振动的计算或实测。振动较大的主机应采取减振措施。

(6)防漏和防污染:尾轴承应有可靠的密封装置,避免海水对尾轴的腐蚀和滑油外泄污染水域。轴系穿过水密舱壁应设置保护水密的填料函。

3.2　轴系的安装

3.2.1　轴系安装工程的主要内容

渔船轴系的安装是动力装置安装工作的重要组成部分,轴系安装的质量,将直接影响主机和轴系运转的可靠性,而安装工艺对渔船建造周期也有很大影响。

轴系安装工程分船台上安装工程和下水后的安装工程。主要工程是在下水以后进行的。

船台上轴系安装工程包括:确定轴系的理论中心线;按确定的轴系理论中心线镗尾柱毂孔和人字架毂孔;安装尾轴管、尾轴、螺旋桨以及密封装置等附件。

船舶下水后轴系安装工程包括:以尾轴法兰为基准,逐段校中中间轴、推力轴、齿轮箱,从而确定轴线和主机位置;拂配轴承座和主机座的垫片,拂配紧固螺栓并按规定装妥、紧固。

3.2.1.1 轴系理论中心线的确定

(1)确定轴系理论中心线的环境条件:考虑到船体变形对轴系及主机的安装质量有较大的影响,在船台上进行轴系安装工程,确定轴系理论中心线时应具备下列条件。

1)船体主甲板以下,从船尾端算起在船体总长的85%的范围内,全部装配、焊接和火工矫正工作已完成。

2)主机及轴系的安装区域内,所有舱柜的水密试验已结束并合格。

3)主机及轴承的基座均已焊好并校验合格。

4)船上的重大设备,如主机、锅炉等均已安放到位,不允许有重量较大的物体放入取出或大的移位。

5)船台应有足够的刚性,船底的垫木数量要足够,排列与受力均匀。

6)船体在船台上的位置应用专门的指示装置加以确定,在轴系安装过程中经常注意检查。如船体位置变动造成数值超过规定时应予以校正。

7)考虑阳光曝晒造成船体变形的影响,确定理论中心线和轴系校中最好在夜间或阴雨天进行。

8)船上应停止冲击、敲打等振动性作业。

(2)确定轴系理论中心线:轴系理论中心线是在船舶设计时所确定的轴系的轴心线。在轴系安装时,艉轴架轴毂孔和艉柱轴毂孔等的校中和镗削加工以及确定轴系上各部件的相对位置,都是以轴系理论中心线为基准的。

确定轴系理论中心线的方法有拉钢丝线法、光学法等。不论采用哪种方法,都是取两点(基准点)来确定轴系理论中心线位置的。目前中、小船厂普遍采用拉钢丝线法。

1)轴系基准点的确定:造船中定基准点时,在船尾0号肋骨附近的船台上和机舱前隔舱壁附近的双层底上或单底船的中龙骨上,分别设置基准点标定板1和2,如图3-5所示。按船舶设计图纸上所标定的轴系中心线位置的坐标,将轴系中心线前基准标在2板上,将尾基准点标在1板上。在标定首基准点时,其竖向高度如用钢直尺从双层底或中龙骨向上量取,应加上由基线至双层底或中龙骨上测量平面的距离。如能采用连通管水平仪从船台的标高尺上按规定的高度引入船内(见图3-5),其准确度较之用钢直尺测量要高得多。

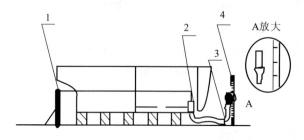

图3-5 轴系中心线基准点标定

1—尾基准点标定板;2—前基准点标定板;3—连通管;4—标高尺

基准点的横向位置,对于单轴系,在船台上可用吊铅锤对准船舶中心线的方法确定,也可用钢尺量取船体左、右两舷板距离的中分线来确定。如为双轴系,则在船台和双层底上先划出船体中线,按设计时轴系中心线至船体中心线的横向尺寸划出轴系中心线的投影线,然后再用吊铅锤法确定基准点的横向位置。

2) 拉线法确定轴系理论中心线:轴系长度小于 15 m 时,常用拉钢丝线的方法确定轴系理论中心线。拉线法操作简便易行,不需要特殊设备,即使 15 m 以上的轴系,也往往先用这种方法来进行轴系的预先找中。

用拉线法确定轴系中心线,应先在主机前和舵杆中心线后 0.5~1.0 m 处,或在基准点标定板前后 0.5~1.0 m 处竖立两个拉线架,在钢丝通过舱壁等处开出小孔,以便钢丝穿过小孔并按轴系中线的设计位置大致确定下来。

拉一根直径为 0.3~1.0 mm 的钢丝,使其通过前后基准点,钢丝拉直后即代表轴系理论中心线。

在拉轴系中心线时,为使钢丝线保持直线状态,应给予钢丝尽可能大的拉紧力,一般取拉紧力为钢丝破断拉力的 70%~80%。通常拉紧钢丝的办法有两个,一个是钢丝的一端挂一重物,其重量等于规定的拉紧力;另一个是用松紧螺旋扣收紧,有关钢丝的参数见表 3-1。虽然如此,但因钢丝的自重,仍会产生挠度。因此以钢丝确定的轴系理论中心线必然有误差存在,且钢丝越长,误差越大,这必须予以修正。修正的办法是:需要确定求出理论中心点处的钢丝挠度,然后将由钢丝定出的中心点按所求得的相应挠度数值垂直升高,即为该处理论中心线的正确位置。

表 3-1　钢丝的参数

钢丝直径 d (mm)	断面面积 (mm²)	均布负荷 q (g/m)	极限应力 (kg/mm²)	极限负荷 (kg)	推荐拉力 (kg)
0.30	0.070 7	0.56	180	12.7	10~15
0.40	0.125 6	0.99	180	22.6	15~20
0.50	0.196 3	1.59	170	33.4	20~30
0.60	0.282 7	2.22	170	48.0	30~40
0.70	0.384 8	3.02	160	61.0	40~50
0.80	0.502 6	3.95	160	80.0	55~65
0.90	0.636 1	4.99	155	99.0	70~80
1.00	0.785 4	6.17	155	122.0	85~95

钢丝在首、尾基准点内不同位置处的挠度 y 可由下式求出(见图 3-6):

$$y = \frac{q \cdot x(L-x)}{2\,T}\ \text{mm}$$

式中:q——均布负荷,即钢丝线每米重量(g/m)

　　　x——计算挠度处与钢丝一支承点之间的距离(m)

　　　L——两支承点间钢丝线的总长(m)

　　　T——拉力(吊重)(Kg)

3) 光学仪器法确定轴系理论中心线:拉线法无论在精度上或者生产效率上都不能满足现

代化造船的要求,因此,现在大量采用光学仪器法来确定轴系理论中心线,特别是确定较长轴系的中心线时,更为适用。

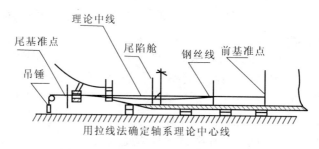

图 3 – 6　用拉线法确定轴系理论中心线

　　光学仪器确定轴系理论中线法是将仪器先按两个基准光靶(光靶十字线中心在基准点上)调好位置,使仪器的主光轴同时通过两基准光靶上的十字线中心,此时仪器主光轴就代表轴理论中心线。

　　根据所使用的光学仪器的不同,确定轴系理论中线的方法有望光法和投射法,前者使用准直望远镜或经纬仪等,后者用投射仪。近年来激光技术已应用到确定轴系理论中线中。使用光学仪器测定轴系理论中线时,可自尾端至主机端测定,也可自主机端向尾端测定。测定时,要考虑和避免由于船体变形、振动、目测、仪器及环境条件的影响所造成的误差。

3.2.1.2　安装中孔的加工

　　(1)按轴系理论中心线镗孔:大中型渔船的人字架轴毂、尾柱轴毂以及尾隔舱加强垫板等,都是将其焊接在船体上后就地用镗排来镗孔的。这些孔的加工,是以轴系理论中心线为基准在加工孔端面划出的加工圆线和检验圆线来进行的。

　　加工圆线与检验圆线是两个同心圆。加工圆线是镗孔加工线,以便达到规定的尺寸要求;检验圆线比加工圆线直径大 20~30 mm,用于镗孔时检验轴线理论中心线。

　　为了减少船体变形对镗孔精度的影响,应将镗杆的支承连接在船体上。根据孔端面加工圆线,调整镗杆轴承使镗杆轴线与加工圆线圆心重合。根据轴毂孔加工要求,镗孔分粗镗和精镗。最后的精镗应在阴雨天或夜间进行,以避免温度变化对尾柱轴毂产生变形。孔内圆加工后,一般应一次把端面加工出来,以保证孔内圆与端面垂直。

　　全部加工完毕并检验合格后,量取尾柱轴毂孔和隔舱加强垫板孔内径、尾柱轴毂前后端面距离、尾柱轴毂前端面至隔舱加强垫板端面的距离,作出样棒,交车间作为加工尾轴管相应直径与长度的依据。

　　(2)小型船舶的焊接法与胶粘法:小型渔船为了避免在船上就地镗孔,或者尾轴直径小无法用镗杆加工尾柱轴毂孔,常用焊接法或胶粘法。

　　1)焊接法:渔船采用人字架时,将人字架、尾轴管等先在车间按图纸加工完毕,然后用调节螺栓临时装在船上,按轴系理论中心线(钢丝线)校中尾轴管或其支承座,然后将人字架焊在船。用这种工艺需严格控制焊接时的变形。使其轴线偏差在允许的范围内。

　　2)胶粘法:尾柱轴毂孔在车间镗好,孔内径与尾轴管的外径有较大间隙。尾柱焊到船体上后,将尾轴管插入,用调节螺钉临时支撑住,按轴系理论中心线校正其位置,然后在尾轴管与尾柱轴毂之间填满环氧树脂胶粘剂,使尾轴管紧固。

3.2.1.3　尾轴管、尾轴、中间轴的安装

（1）尾轴管安装：尾轴管上船安装前，应检查其配合直径和两配合端面间的长度等，如图3-7所示。如尾轴管轴承在尾轴管上船前已装妥，应检查尾轴管上的安装记号是否与尾轴管轴承的上下位置一致。尾轴管两凸肩配合面（A、B）处的垫片厚度应根据 A、B 两配合面间的实际尺寸 L 与样棒尺寸确定，使安装后 A、B 面与尾柱轴毂孔的前端面、隔舱壁加强垫板同时压紧（最后 A 面的接触压力大于 B 面，使尾轴管传来的力主要由尾柱承受）。一般帆布垫片的厚度不应小于 3 mm，铅垫片厚度不小于 5 mm。配合面 A 处一般不设垫，但也有垫紫铜圈或 O型橡胶圈的。

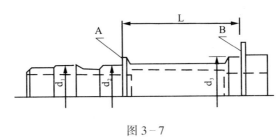

图 3-7

用棉布及柴油将尾柱轴毂孔及尾轴管内外清洁干净，将涂有红丹白漆的帆布垫片或青铅垫片套到尾轴管外圆直径 d_3 上，在尾轴管的配合外圆涂上黄油或白漆，随即可将尾轴管送入尾柱轴毂孔内。

尾轴管的安装一般都是从船内向外安装的。小型渔船常用起重葫芦将尾轴管送入隔舱壁孔和尾柱轴毂孔内。较大型渔船的尾轴管由于长而重，有时需滑车或小车送进。

当尾轴管送到直径配合面开始接触时，应对准尾轴管上和隔舱壁上的安装记号，用锤击尾轴管首端端面（须用木枕垫着）或用液压千斤顶顶压的方法压入。

当尾轴管螺纹伸出轴毂孔后端面 3～4 牙时，应立即将尾轴管螺母旋上，一般用大锤敲击或用撞锤撞击套在螺母上的专用搬手的方法上紧，至敲击时搬手不旋进只弹回，并发出清脆的声音为止。然后用塞尺检查尾轴管螺母与轴毂孔端面贴合是否紧密，要求为四周用 0.05 mm厚的塞尺插不进。

尾轴管螺母装到位后，在尾柱轴毂后端面的相应位置钻孔、攻丝，安装尾轴管螺母止动块。固定首尾法兰，装好密封装置。

尾轴管与尾柱轴毂孔和隔舱壁孔配合要求参见水产标准 SC/T 8085—94《尾柱毂孔与尾轴管的技术要求》。

尾轴管装妥后，即可安装润滑油管、冷却水管和阀等附属装置。然后对放置尾轴管的水密尾尖舱灌水做水密试验。凡与尾轴管配合部分，不允许有任何渗漏。如有渗漏，可允许用水泥、环氧树脂粘结剂修补。修补后再做水密试验直到合格为止。

（2）尾轴的安装：尾轴安装前应按设计图纸技术要求检验是否合格。对用键与螺旋桨结合者，应检查尾轴与螺旋桨锥孔刮配和传动键刮配质量；对尾轴与螺旋桨采用液压套合或环氧树脂胶合的，应检查加工质量，使之符合规定的技术要求。

用棉纱将尾轴管内轴承擦拭干净，再用压缩空气喷吹，以清除杂物垃圾，在尾轴工作轴颈和尾轴管轴承内涂上润滑油（铁梨木和层压板轴承涂黄油）。

尾轴一般从船尾向船内安装,故尾轴前端法兰一般用可拆卸式联轴器。前端有固定法兰的尾轴,必须从船内向外安装。

尾轴的安装方法与尾轴管安装方法类同。

尾轴与不同类型尾轴承的配合间隙,可参见水产标准 SC/T 8084—94《轴系轴承及密封装置技术要求》。

尾轴安装到位后,应用长塞尺从后轴承后端和前轴承前端测量尾轴与轴承的左右上下部位的间隙,要求上部间隙等于装配间隙,下部间隙用 0.05 mm 厚的塞尺插不进,左右两侧的间隙各自等于装配间隙的 40%~60%。

尾轴管密封装置装妥后,须经压油试验合格。

(3) 中间轴的安装:中间轴的安装是把加工完好经检验符合图纸要求的全部中间轴最终正确地安装在主机(或齿轮箱)输出轴和尾轴之间,使整个轴系的弯曲度不超过允许范围,以保证轴系正常运转的工序。

中间轴的安装包括校中、连接和紧固三部分,均在渔船下水后进行。

1) 校中:按要求调整和确定每一根中间轴及其轴承的位置称为校中。具体方法见 3.2.2 节。

2) 连接:中间轴与中间轴、中间轴与尾轴、齿轮箱轴等用法兰连接螺栓连接成整根轴系。根据采用的校中方法不同,有的在轴系校中前进行(如用测力计校中法),有的在轴系校中后进行(如平轴法)。

用于连接轴系的法兰螺栓,是预先在车间进行轴的配对时与法兰螺栓孔进行过研配,并打有印记,故用法兰螺栓将轴系连接后,可以保证各配对法兰的同轴度。

3) 紧固:在轴系校中及连接工作完成后,进行中间轴轴承的紧固工作。

轴系的全部中间轴轴承在轴系校中后已准确定位。定位好的轴承,必须用垫块和紧固螺栓紧固在基座上,以保证定位好的位置在轴系运转中不致改变。

垫块应根据轴承座与基座之间的实际间距进行配制。垫块的结构、材质及加工要求参见水产标准 SC/T 8084—94《轴系轴承及密封装置技术要求》。所配好的垫块应与轴承座下平面及基座面板紧密贴合。检验时,贴合面之间用 0.05 mm 厚的塞尺应插不进。

中间轴轴颈与轴承的间隙可参见有关标准(如水产标准 SC/T 8084—94),且前后位置左右方向间隙应大致相同,不允许轴与轴承单边紧。底部要求接触,用 0.05 mm 厚的塞尺检查,应插不进。

中间轴承座与基座的紧固螺栓中,应对角设置两只紧配螺栓。

3.2.2　轴系扭转振动与校中

3.2.2.1　轴系的扭转振动

(1) 轴系扭转振动的定义:轴系扭转振动(简称扭振)是轴系在周期性扭矩作用下的产生的周向交变运动和周期性变形现象。

船舶柴油机轴系可以看做是一些集中质量与轴段结合的振动系统。因柴油机是活塞式往复运动机械,其工作有周期性,使得作用在轴系上的扭矩也是一个周期性扭矩,从而形成激振源。这就是船舶柴油机动力装置产生扭转振动的原因。

(2) 轴系扭振的危害:大家知道,在受迫振动系统中,如果激振力矩频率与系统的固有频率相等时,就会产生共振现象,轴系在共振转速附近长期运转,会使轴系部件产生疲劳破坏。常见的扭振故障有以下几种:

1）曲轴、推力轴、中间轴、尾轴以及凸轮轴断裂。

2）轴系中局部轴段过热。

3）齿轮箱发生齿击、齿面点蚀、断齿和噪声。

4）联轴器连接螺栓切断、弹性联轴器损坏。

5）螺旋桨桨叶疲劳断裂。

6）柴油机发电机组运转严重不平稳,导致电压脉动。

7）引起机架、船体振动,噪声加剧。

严重的扭转振动是影响船舶建造质量和营运安全的重要问题。为此,各国造船界和验船部门对扭振理论、计算、测量及预防措施等进行了大量研究,并在建造规范中对轴系扭振做出相应的规定。

由于扭转振动理论性较强,我们这里只作一般性介绍。详细的理论分析和扭振计算方法请参阅有关专门书籍。

（3）渔船建造规范对轴系扭振的规定:为避免渔船轴系产生扭振故障,渔船建造规范对轴系扭振有相应规定。

1）扭振计算的功率范围:对主柴油机推进轴系及功率不小于 100 kW 的辅柴油机系统(如发电机组)都应送审轴系扭转振动计算书,目前一般计算书都用计算机扭振工程计算软件加以校核。

2）扭振计算:《规范》规定了设计单位应提供的计算书内容。这里不再重复。

3）许用应力:

①$[\tau_c]$、$[\tau_t]$ 和、$[\tau_g]$ 的含义:

$[\tau_c]$——持续运转许用应力。当计算和实测的扭振应力 $\tau < [\tau_c]$ 时,轴不会产生疲劳破坏,可以安全运转。

$[\tau_t]$——瞬时运转许用应力。当计算和实测的扭振应力 $\tau > [\tau_t]$ 时,就意味着轴会疲劳破坏,即使瞬时通过,也会影响轴的使用寿命。这时应采取改进措施。

当计算和实测的扭振应力 τ 处于 $[\tau_c]$ 和 $[\tau_t]$ 之间时,如连续使用就可能产生轴的疲劳破坏,因此应设计转速禁区迅速通过。

在 $0.8 \sim 1.0\ n_c$ 范围内,如 $\tau > [\tau_t]$,则应改进设计。

$[\tau_g]$——超速运转许用应力。当计算和实测的扭振应力 $\tau < [\tau_g]$ 时,轴可以安全运转,反之,应采取改进措施或限速降速使用。

②许用应力计算:《规范》给出一套许用应力的计算公式。现以主要考虑扭振应力的中间轴、推力轴的扭振许用应力计算公式为例,说明一些主要概念。

$$[\tau_c] = \pm[(70.4 - 0.031\ d) - (45.6 - 0.02\ d)r^2]\text{N/mm}^2$$

式中:d ——轴的基本直径(mm)

$r = n_c/n_c$

n_c ——主机计算工况转速(r/min)

n_c ——主机额定转速(r/min)

式中因子"$0.031\ d$"和"$0.02\ d$"分别为动、静负荷时的材料尺寸效应修正值;式中前项 $(70.4 \sim 0.031\ d)$,如不考虑材料尺寸修正,为一个常数,是对应规范轴系计算基准材料($\delta_b =$

430 N/mm² 的碳钢)的最大扭振应力振幅 $\tau_{a\,max}$;式中第二项 $(45.6 \sim 0.02\,d\,)r^2$,如不考虑材料尺寸修正,则只与转速比平方成正比,符合螺旋桨特性扭矩与转速关系,表示轴的平均应力 τ_m。所以,许用扭振应力 $\tau_a = \tau_{a\,max} - \tau_m$。

上述计算许用应力公式是以材料为 $\sigma_b = 430$ N/mm² 的碳钢、按《规范》计算的轴直径为基础的。当实际选用的轴直径比规范计算值大时,则可对许用应力进行修正。对不同材料的修正,《规范》中也有说明。

4) 确定转速禁区:如果扭振计算结果 τ 超过持续运转的许用应力 $[\tau_c]$,则在这个共振转速 n_c 附近应设"转速禁区"或采取必要的减振措施。所设转速禁区应在转速表用红色标明,并应在操纵台前设告示牌。在转速禁区内,柴油机不能持续运转。如 τ 稍超过 $[\tau_c]$,禁区范围可适当减小,如 τ 接近 $[\tau_t]$,则禁区范围要适当放大。

转速禁区也可根据实测确定,即取超过持续运转许用应力 $[\tau_c]$ 时的相应转速,并计入转速表的误差即为转速禁区。

3.2.2.2　轴系的校中

(1) 轴系校中含义:所谓轴系校中,是指为使轴系各轴承负荷及各轴段应力处在允许范围而对各轴段和轴承安装位置进行调整的过程。

轴系校中是轴系安装的重要环节。校中的好坏对轴与轴承的磨损、温升、主机曲轴臂距差、齿轮、齿轮轴、联轴器的寿命,主机功率和螺旋桨效率的发挥有直接影响,校中不良还会使轴系发生不正常的振动和噪声。

(2) 轴系校中方法:轴系校中的方法很多,若根据校中原理来分,一般可分为三类:按直线性校中原理校中;按轴承上允许负荷校中原理校中;按轴承上合理负荷校中原理校中。

1) 按轴系直线原理校中:以往的观点认为,轴系的实际中心线应是一直线,以保证轴系无弯曲的状态下运转。这就是轴系按直线性校中的原理。一般渔业船舶采用的调整法兰曲折偏移值校中法就是按此原理进行轴系校中的。

①校中方法:校中中间轴时,将中间轴支承在两个临时支承上,也可以支承在中间轴承和一个临时支承上。如用中间轴承做校中支承,应设置调位螺钉,以便调整轴承作上下左右移动。用于中间轴的两支承,应布置在正确的位置,即距法兰端面距离为中间轴长度的 18% ~ 22%,否则要计算中间轴自重对测量的偏移、曲折值的影响。校中的两相邻轴法兰端面之间应有 0.5 ~ 1 mm 的间隙以便测量。

法兰校中,一般常采用直尺和塞尺(也可用指针或百分表)为测量工具从尾至首来进行,即以尾轴为基准来校中与它相邻的中间轴,如此逐段校中,称为平轴法。为使每对法兰上的偏移和曲折值符合要求以及缩短校中的时间,可通过简易的计算来调整中间轴支承的高低位置。如图 3-8 所示,两轴(以左轴段为基准轴)法兰上存在偏移和曲折,此时可在支承点 A 及 B 处增加垫片厚度来消除偏移或曲折,使偏移量或曲折值为零。

如法兰曲折的开口值为 $(y_1 - y_2)$,当 y_1 大于 y_2 时,称向上开口,则 A 点处增加的垫片厚为:

$$\delta_A = \frac{y_1 - y_2}{D} \cdot x_1 \ \text{mm}$$

B 点处增加的垫片厚为:

$$\delta_B = \frac{y_1 - y_2}{D} \cdot x_3 \ \text{mm}$$

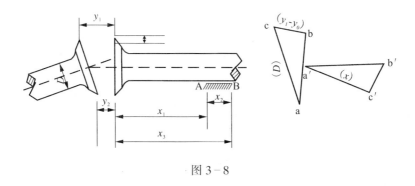

图 3-8

式中:D——法兰直径(mm)

　　x_1、x_3——法兰端面至支承点的距离(mm)

　　y_1、y_2——法兰曲折开口值(mm)

　　如法兰曲折的开口向下,即 y_1 小于 y_2 称下开口,此时 A 及 B 点的垫片应减薄,减薄值仍按上述式计算。

　　如允许连接法兰上有一定的偏移和曲折,则可按上式计算来决定垫片厚度的增减,以达到所要求的偏移和曲折值。

　　当相连接的一对法兰上的偏移和曲折值皆为零时,则说明相连接的两轴同心。若整个轴系每对法兰上的偏移和曲折值都为零,就可以认为整个轴系中心线是一根直线;反之,若有一对或几对法兰上的偏移量不等于零,或曲折值不等于零,或偏移和曲折值都不等于零,则说明轴系中心线是折线。

　　由于轴系在安装校中时的误差、船体的变形(特别是船体的局部变形)、轴的加工不正确、轴因自重下垂等原因,故轴系在校中安装时,尤其是在运转时,实际轴系中心线不可能是一条直线,而是呈一折线。实践证明,在这种情况下轴系能保持正常的工作状态。可见企图使轴系中心线成一直线是没有必要的,它只会给校中工作造成很多困难。因此,在按法兰校中时,应允许轴系有一定程度的弯曲,但弯曲不能过大,否则轴系在运转中将产生不正常状态,所以必须要限制连接法兰上的偏移和曲折值的大小,使其数值在允许的范围内,即应符合相应的校中标准,然后再紧固之。

　　②校中要求:

　　a. 长轴系的校中要求:推力轴与相邻中间轴法兰:偏移值 $\delta < 0.1\,\mathrm{mm}$(中间轴低),曲折值 $\varphi < 0.15\,\mathrm{mm/m}$(下开口);

　　尾轴与相邻中间轴法兰:偏移值 δ 为尾轴安装间隙的 20%;偏移值 $\delta = 0$ 时,曲折值 φ 上开口应小于或等于 $0.15\,\mathrm{mm/m}$,下开口应小于或等于 $0.30\,\mathrm{mm/m}$。

　　中间轴相邻法兰的偏移和曲折值,均可照尾轴与相邻中间轴法兰的要求稍降低。各中间法兰的偏移值 δ 和曲折值 φ 基本上是平均分配的,但靠近轴系中间部分的法兰,要求尚可降低一些(上述曲折数值为法兰直径为 1 m 时的厚薄规测量值,法兰直径不同,应进行核算)。

　　b. 短轴系的校中要求:其特点是轴系长度与直径之比相对较小,挠性较差,即使当轴系中线有不大的弯曲时,两端轴支承(尾轴前支承与主机或推力轴后轴承)上亦将受到很大的附加负荷,因而对短轴系校中的要求较高。短轴系校中质量好坏在很大程度上取决于两端轴轴心线的不同轴度。因此,两端轴的不同轴度,必须严加控制。

推力轴后各法兰:偏移值 $\delta < 0.20$ mm,曲折值 $\varphi < 0.20$ mm/m。对具体渔船轴系校中的技术要求,可参见标准 SC/T 8082—94《轴系校中技术要求》。

用调整法兰曲折偏移值校中轴系,虽有很长历史,生产中也简单易行,但并不科学。因为对曲折偏移值严格而一律的规定没有反映轴系运转的实际情况。

2) 按轴承上允许负荷校中原理校中:按轴承上允许负荷校中的原理,是根据轴系的特点确定轴承上负荷的允许范围,通过调整轴承的位置使各轴承上的实际负荷都处在允许值范围之内。按此原理校中好的轴系中心线显然不是一条直线。

按这种原理轴系校中方法有测力计校中法和按法兰上计算的允许偏中值校中法两种。

①测力计校中:轴系采用测力计校中法也称按轴承实际负荷校中法。

校中时,轴系按理论中心线大致定位,法兰用螺栓连接起来,中间轴承暂不紧固,并安装测力计。通过调节螺栓调节中间轴承位置以改变轴承的实际负荷(测力计测出),直至各轴承的实际负荷均处在允许范围之内为止。

按这种方法校中的轴系有一定的安装弯曲,但因毗邻轴承上的实际负荷均在允许范围之内,且数值相差不大,因此轴内也不会产生不允许的弯曲应力。故此法能使长轴系获得满意的校中质量。但因测力计弹簧质量不过关,不能测出尾轴管的实际负荷,要求操作人员多,目前我国渔船极少采用。

②按法兰上计算的允许偏中值校中:轴系按法兰上计算的允许偏中值校中的实质,就是用数学计算的方法根据轴承上的允许负荷确定连接法兰的偏中值——偏移、曲折的允许范围。校中时只要使各法兰上的偏移曲折值都处在允许范围内,则可保证各轴承的负荷处于允许的范围之内。

对于长轴系,根据材料力学挠性曲线方程并经简化后得出校中时允许法兰偏移与曲折最大值的计算公式为:

对于每根中间轴用一个轴承支承的轴系;

$$|\varphi| + \frac{2\,000}{3\,L}|\delta| \leqslant \frac{K}{3} \cdots\cdots (a)$$

对于每根中间轴用两个轴承支承的轴系:

$$|\varphi| + \frac{2\,000}{3\,L}|\delta| \leqslant \frac{2}{3}\frac{K}{} \cdots\cdots (b)$$

式中: φ——曲折值(mm/m)

δ——偏移值(mm)

L——轴系中 4 个相邻轴承跨距的平均值(应选取轴系中最小的平均跨距)(cm)

K——轴系挠性系数

$$K = \frac{3.75\,L^3}{10^5(d_1 - d_2)^2}$$

其中: d_1——中间轴外径(cm)

d_2——中间轴内孔直径(cm)

上述公式表明,轴承允许附加负荷与轴承间距的三次方成正比,而与轴颈的平方成反比。K 值越大,校中允许的偏中值越大。且 φ 与 δ 值不能超过一定数值。给定一偏移值时就相应确定了曲折值的允许极限,反之亦然。

为校中方便起见,可按公式(a)或(b)绘制成 $\varphi - \delta$ 关系图(见图 3 - 9)。

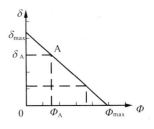

图 3 - 9　$\varphi - \delta$ 关系图

作图方法:取直角坐标横轴代表 φ,纵坐标代表 δ。由式(a)可知,当 $\delta = 0$ 时,$\varphi = \varphi_{max}$;$\varphi = 0$ 时,$\delta = \delta_{max}$。按比例在坐标图上将两点连成一斜线,此斜线与坐标轴围成的三角形即为该轴系校中时连接法兰上偏移和曲折的允许范围,若某对法兰的偏移值为 δ_A,这时可过 δ_A 作横坐标平行线交斜线于 A 点,再由 A 点作横坐标垂线交 φ 轴于 φ_A,φ_A 即为对应 δ_A 时的最大允许曲折值。同样,根据法兰的曲折值可求出对应的最大允许偏移值。

按公式计算法求得的偏中值不适用于中间轴与发动机曲轴、齿轮箱轴和推力轴连接法兰处的校中,这些连接法兰允许的偏移和曲折值应符合按轴系直线原理提出的校中要求。因为如上述连接法兰存在偏移和曲折时,将会引起曲轴臂距差不允许的变化。齿轮箱齿轮啮合不良或推力轴工况变坏。

上述公式计算的偏中值只适用于轴系在水上校中,若在船台或坞内校中时,应将允许偏中值缩小一半。这是考虑船下水后,船体变形会使偏中值改变。

3) 按轴系上合理负荷校中原理校中:接直线校中的轴系,由于没有考虑轴系尾端悬臂安装螺旋桨的影响,当螺旋桨重量很大时,会使轴承上的负荷分配很不均匀,有时甚至达到不能允许的程度。齿轮箱两轴承也可能出现负荷不均匀超出允许范围的情况。用测轴承负荷来校中轴系,也仅是将中间轴承的实际负荷限制在允许范围内,而无法考虑全部轴承上负荷的合理分配,更不能改善尾轴管后轴承上过大的集中负荷状态。

为了改善轴系各轴承上负荷的实际分配情况,使轴系安全可靠地运转,出现了一种新的轴系校中方法——合理校中。

轴系合理校中是根据轴系的结构要素,按轴承允许负荷、应力、转角等约束条件,用计算方法求出轴承的安装位置对轴系校中,使轴系上各轴承的负荷和轴截面上的弯距得以合理分配,也就是通过理论计算,转化为实际安装时各连接法兰间合理的偏移和曲折值。

现在已有专门的计算机软件可进行合理校中计算。

3.3　螺旋桨

3.3.1　螺旋桨的种类及几何要素

目前,机动渔船的推进几乎都是用螺旋桨。螺旋桨的作用是将主机发出的功率转变为使渔船前进的推进功率,螺旋桨的设计、制造和装配质量直接影响船舶的航行性能和安全。

3.3.1.1　螺旋桨的种类

螺旋桨种类很多,按形状可分为:普通螺旋桨、导管(又分固定导流管和转动导流管)螺旋桨;按叶数可分为:二叶、三叶、四叶、五叶等螺旋桨;按叶片能否转动可分为:固定螺距螺旋桨、可调螺距螺旋桨;按叶片的形状可分为:楚思德 B 型螺旋桨、高思阔叶螺旋桨(G 型螺旋桨)、关刀型螺旋桨;按材质可分为:铸铜螺旋桨、铸铁螺旋桨、铸钢螺旋桨、不锈钢螺旋桨、玻璃钢螺旋桨和尼龙螺旋桨等。

3.3.1.2　螺旋桨的几何要素

(1)螺旋桨的外形及名称:

1）叶面与叶背：从船尾后面向前看，所见到的螺旋桨桨叶面称为叶面，另一面称为叶背。

2）桨毂与桨叶：螺旋桨与尾轴连接部分称为桨毂，为流线型旋转体。桨叶就固定（或安装）在桨毂上。桨叶叶数是螺旋桨的重要参数，以 Z 表示。渔船以三叶或四叶螺旋桨居多。

3）叶根与叶梢：桨叶与桨毂连接部分为叶根；桨叶距轴线最远点为叶梢。

4）导边与随边：螺旋桨正车旋转时，桨叶上领先的一边为导边，随后的一边为随边。

5）盘面积：螺旋桨原动旋转时，叶梢划过的圆形轨迹称为梢圆。梢圆的面积称为螺旋桨的盘面积，以 A_0 表示。

6）螺旋桨个数：指一条船上推进螺旋桨的数量。由船型、主机功率、作业要求决定。

7）旋向：当螺旋桨推动船舶前进时（正车），由船尾向船首看，如螺旋桨顺时针旋转称为右旋，反之为左旋。双螺旋桨正车旋转时，如均向船的中线方向旋转称为内旋，反之为外旋。

（2）螺旋桨几何要素：

1）桨直径（ D ）及叶数（ Z ）：螺旋桨旋转时，其叶梢轨迹圆的直径即为桨直径，标为 D ；直径的一半称为桨半径，用 R 表示；螺旋桨桨叶的数目称为叶数，标为 Z 。

2）螺距（ P ）及螺距比（ P/D ）：螺旋桨叶面是螺旋面的一部分。螺旋面上的某一半径处旋转一圈的升程称为该半径处的螺距，用 P 表示。如叶面各半径处的螺距相等，该螺旋桨为等螺距螺旋桨，不同半径处螺距不等者，称变螺距螺旋桨。变螺距螺旋桨一般以 $0.7R$ 或 $2/3R$ 处的螺距代表螺旋桨的螺距，记作 $P_{0.7R}$ 或 $P_{2/3R}$。

螺距与螺旋桨直径之比（ P/D ）称之为螺距比，它是表征螺旋桨性能的重要几何参数。P/D 大，说明桨叶对桨轴的倾斜度也大。一般螺旋桨的螺距比在 $0.4\sim1.6$ 之间，当主机功率大，转速低，螺旋桨直径小时，可采用较大的螺距比。

3）盘面比（ Ae/Ao ）：螺旋桨各桨叶展开轮廓面积之和为展开面积，以 A_d 表示；各叶伸长轮廓面积之和为伸张面积，以 Ae 表示。一般 $A_d \approx Ae$。故 A_d 或 Ae 与盘面积 Ao 之比都称为盘面比。因 Ae 易求取，故多用 Ae/Ao 表示。它的大小取决于桨叶数和叶宽，对相同叶数的螺旋桨，盘面比越大，桨叶越宽。

4）毂径比（ d/D ）：桨毂直径与螺旋桨直径之比。该值影响螺旋桨效率且与桨轴承受的扭矩和桨毂材料有关。一般 $d/D = 0.16\sim0.20$。可调螺距螺旋桨因桨毂内有桨叶转动机构，故毂径比较大。

对于某种特定型式的螺旋桨，如果已知叶数 Z，直径 D，螺距比 P/D，盘面比 Ae/Ao，则此螺旋桨的几何特性就能确定。因此，以上 4 个参数可以认为是表征螺旋桨的主要几何参数。在设计中，用图谱方法设计（请参阅设计资料）螺旋桨，实际上就是如何正确、合理地选取以上参数。

3.3.2 螺旋桨的强度及空泡校核

3.3.2.1 螺旋桨的强度校核

强度校核的目的是确定足以保证强度的叶片厚度及其在径向的分布。

螺旋桨桨叶可看作是固定于桨毂的悬臂梁。当螺旋桨工作时，桨叶将受到轴向推力 T 和周向旋转阻力 F。桨叶在此二力的作用下将产生弯曲。此外，桨叶旋转时还将受到离心力 P 的作用。对无后倾的螺旋桨，在离心力的作用下，桨叶将被拉伸；当存在后倾时，则桨叶除受到拉伸外，也受到弯曲，如图 $3-10$ 所示。

螺旋桨强度校核就是核算在此外力的作用下，桨叶切面强度是否满足需要。若不能满足要求时,则需增加叶片的强度。但是随着厚度的增加,螺旋桨效率将下降,所以应当在满足强度的前提下,选取较薄的叶片。由于桨叶是扭曲的变截面悬臂梁,且其横截面又不对称,同时作用在桨叶上的外力也难精确计算,故在螺旋桨设计中,一般都用理论和实验相结合的近似方法来进行螺旋桨的强度计算。验船师审查螺旋桨图纸时,可按规范提供的叶厚计算公式进行强度校核。目前螺旋桨强度工程计算已有计算机软件,因此校核计算已大为方便。

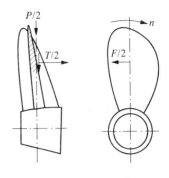

图 3 – 10　桨叶的受力

3.3.2.2　螺旋桨空泡校核

所谓空泡是指水在常温下汽化的现象。螺旋桨运转时推力的产生是由于桨叶面与叶背之间存在着压力差。通常,螺旋桨负荷的增加主要是由于叶背处压力下降而使压力差加大的结果。但是叶背压力的不断下降,就有可能接近该水温下的汽化压力,而使水汽化并形成汽泡。

一般认为,在初始阶段或第一阶段,只在叶背压力最低的局部产生空泡,如图 3 – 11(a)所示。这时的空泡并不稳定,只要被水流冲离背压过低的局部位置,空泡就会被较高的压力压缩而液化。在空泡消失的瞬间,周围的水将迅速去占据空泡的空间,并产生极强的冲击力。金属表面在这种冲击的反复作用下,晶体结构将受到破坏,桨叶将出现可见的伤痕,这就是出现桨叶剥蚀现象的根本原因。

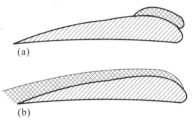

图 3 – 11　局部空泡与片空泡

如果叶背的压力过低,致使叶背到处都低于水的汽化压力,则叶背几乎都被空泡覆盖,如图 3 – 11(b)所示,这是第二阶段的空泡。由于空泡比较稳定,或只有在离开桨叶的时候空泡才消失,所以没有前述剥蚀桨叶现象。但是,由于叶背被空泡所覆盖,叶背的压力不可能再低于该温度下的汽化压力,这就大大限制了压力差的增加。尽管旋转力矩增加,而推力的增加则有限,也就是说,螺旋桨效率大大降低了。

第一阶段空泡,虽然对效率影响不严重,但因它极可能损坏桨叶,所以是不允许的。对渔业船舶,一般也不让桨在第二阶段空泡的情况下工作。

为避免第一阶段空泡,最普遍的方法是增加叶宽和减小厚度比。在叶尖处采用圆弧型剖面也会避免或延缓空泡发生。单桨的叶根处伴流较大,常有较大冲角,故常将叶根处的螺距逐渐减低约 20%。一般说来,增大盘面比对避免空泡是很有效的。

在螺旋桨设计和检验时,常利用图 3 – 12 所示的伯利尔限界线来校核空泡。图中的横坐标 $\sigma_{0.7R}$ 称为空泡数,纵坐标 τ_c 称为单位投射面积上的平均推力系数,可分别表示为:

$$\sigma_{0.7R} = \frac{0.102(P_0 - P_d)}{\rho \cdot V_{0.7R}^2 / 2}$$

$$\sigma_{0.7R} = \frac{0.102\, T/A_{ts}}{\rho \cdot V_{0.7R}^2 / 2}$$

式中:P_0——桨叶轴线处的静水压力(Pa),按如下表达式计算

$$P_0 = Pa + 9.8\, r H_s$$

其中:Pa——大气压力(Pa),常取 $Pa = 0.012\,34\, Pa$;

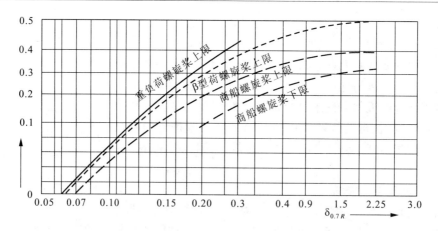

图 3-12 伯利尔空泡限界线

r——水的重度(kg/cm³),淡水为 1 000,海水为 1 025;

H_s——桨轴沉深(m);

Pd——水汽化压力(Pa),其值与温度的关系可见表 3-2;

表 3-2 水的汽化压力

温度 t(℃)	汽化压力 Pd(Pa)
5	872
10	1 225
15	1 705
20	2 332
30	4 243
40	7 370
50	12 328
60	19 004
100	98 294

ρ——水的密度(kg·s²/m⁴),5℃时淡水为 102,海水为 104;

$V_{0.7R}$——0.7R 处叶切面对流水的相对速度,按下式计算:

$$V_{0.7R}=\sqrt{V_a^2+(0.7\pi n \cdot D)^2}$$

其中:V_a——螺旋桨进速(m/s);

n——螺旋桨转速(r/min);

D——螺旋桨直径(m);

T——螺旋桨敞水推力(N);

A_{ts}——螺旋桨投射面积(m²),对 B 型螺旋桨,按下式计算:

$$A_{ts}=(1.067-0.22P/D)\cdot A_{zk}$$

其中:P——螺旋桨的螺距(m);

D——螺旋桨直径(m);

A_{zk}——螺旋桨展开面积(m^2)。

用伯利尔限界线校核空泡,把半径为 $0.7R$ 处切面取为典型切面,认为发生空泡,则整个螺旋桨就不发生空泡,而 $0.7R$ 处切面不发生空泡的条件是空泡数内 σ_0 与单位投射面积上的平均推力系数 τ_a 间符合伯利尔限界线。如 3-12 所示:处于限界线及其以下区域不发生空泡,而在限界线以上区域要发生空泡。由限界线我们可以看到,对应于某一空泡数,则随着螺旋桨负荷的增加,τ_a 值增加,就越容易产生空泡。另一方面,随着速度(进速或转速)的增加,使空泡数减小,从而使不发生空泡的极限 τ_a 值降低,增加了螺旋桨产生空泡的可能性。因此,重负荷螺旋桨或高速舰艇螺旋桨易产生空泡。这也是高速舰艇螺旋桨不得不在超空泡条件下工作的原因。

在图 3-12 中,共画了四条线。其中重负荷螺旋桨限界线适用于高速军舰。商船螺旋桨限界线表示避免空泡所可用的最大 τ_c 值,结果常偏安全。

具体校核时,可按上述算式计算出 $0.7R$ 处的空泡数 σ_0,据 σ_0 值按限界线查得不发生空泡的 τ_c 值,由 τ_c 求出不发生空泡所需的最小盘面比。若所校核的螺旋桨具有的盘面比大于不发生空泡所要最小值时,则此螺旋桨就不会发生空泡。螺旋桨盘面比较大,就越容易满足不发生空泡的要求。

空泡校核时,对拖网渔船螺旋桨由于它要在两种不同的工况下工作,产生空泡的可能性较大,所以常允许留有盘面比裕度。对客船,为提高螺旋桨的效率,可不留有裕度,选择满足空泡要求的最小盘面比。为求出此最小盘面比,整个空泡校核工作在同叶数的两个盘面比螺旋桨中进行。对 $(A_{SZ}/A)_1$、$(A_{SZ}/A)_2$ 分别求得不发生空泡所需的最小盘面比 $(A_{SZ}/A)_{1\,min}$ 及 $(A_{SZ}/A)_{2\,min}$,然后绘制如图 3-13 所示的插值图。图中横坐标表示螺旋桨具有的盘面比,纵坐标表示满足空泡要求的最小盘面比。此二坐标应取同一比例并将计算结果连成虚线,该虚线与45°线之交点,即为满足空泡要求的盘面比值。而其他螺旋桨要素 D、H、D、η。可按盘面比进行线性插值求得。

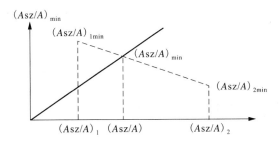

图 3-13　盘面比插值图

3.3.3　螺旋桨的安装要求

3.3.3.1　有键连接螺旋桨的安装

用键连接螺旋桨时,螺旋桨毂锥孔应有精确的锥度,并与尾轴锥体经研刮配合,使接触均匀。用色油检查,其接触点在每 25 mm×25 mm 的面积上不得少于 2~4 点。键装配后检查,接触面应不小于锥孔配合面的 75% 且均匀分布。

轴上键槽前端应平滑,且呈汤匙形。轴上键槽前端到锥部大端的距离应不小于 0.2 倍锥部大端的直径。

　　键与轴键槽应单独修刮配合,要求能把键轻轻打入槽内不准松脱,两侧面均匀接触,在80%的周长上插不进0.05 mm厚的塞尺。键在槽内不得悬空,可用听敲击声检查。键与桨毂孔键槽应进行配制,要求两侧面接触均匀,特别是在键两端两倍键宽的长度上接触良好。键与键槽顶部留有0.2~0.5 mm的间隙。键的尺寸应按规范计算。

　　安装螺旋桨时,应将螺旋桨与尾轴配合面擦拭干净,尾轴键槽位置朝上,套上密封圈后,即可把螺旋桨套在尾轴上。当尾轴穿过锥孔伸出螺旋桨端面时,立即套上尾轴螺母并旋紧,并予以止动。最后安装导流帽,在导流帽紧固螺钉处涂上水泥。小型螺旋桨导流帽安装前填充黄油,大型螺旋桨导流帽则是在安装后将熔化的石蜡注入,再用螺塞堵住注入口。

　　有键连接安装螺旋桨检验重点是桨毂锥孔和尾轴锥体的配合;键与键槽的接触情况;防松装置和密封装置。

3.3.3.2　无键连接螺旋桨的安装

　　无键螺旋桨采用油压安装。用油泵将高压油由桨毂上的管路打进螺旋桨轴与桨的锥面结合处,使桨毂产生弹性变形而胀开,再用液压螺母将螺旋桨推到尾轴锥体上。卸去油压后,螺旋桨即能紧箍在轴上。

　　采用油压安装法的优点是装拆工作效率高,可以避免用键连接键槽周边发生挤裂和因摩擦腐蚀在尾轴锥体大端表面产生发裂现象。另外,无键连接可以准确地将螺旋桨叶片安装在与主机曲柄相对应的合适角度,有利于减少轴系的振动。

　　用油压无键安装螺旋桨时,螺旋桨套合到轴上的轴向推入量应按规范进行计算。套合前,桨毂与尾轴锥部的实际接触面积应不小于理论接触面积的70%,一般可着色进行检查。套合前应使螺旋桨与轴温度相同,配合面应清洁无油污,配合情况应在车间进行验证。套合后应整理出与温度有关的安装曲线及相应负荷资料,并留船保存。

　　油压安装螺旋桨的工艺应经验船师审查批准。检验时要确认轴间压入量及压入力符合批准的技术文件。

3.3.3.3　螺旋桨的胶合安装

　　螺旋桨的胶合安装分有键胶合安装和无键胶合安装。一般渔船螺旋桨直径D<1.5 m时,可以采用无键胶合安装。胶合安装时,要求锥孔两端应各有40~60 mm长度的环面积能与轴均匀接触。如用有键连接,锥孔中间部分应多加工出0.1~0.2 mm,以容纳一薄层环氧树脂(图3-14),键槽可不刮配。无键连接锥孔中间部分不允许多加工。

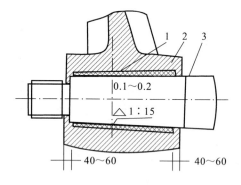

图3-14　螺旋桨胶粘示意图
1-环氧树脂胶粘剂;2-螺旋桨;3-尾轴

　　常用的胶粘剂配方可参照如下重量比:

E—44 或 E—42(即 6101 或 634)

环氧树脂	100
邻苯二甲酸二丁脂	15
乙二胺	7

胶合工艺如下:

　　(1)将螺旋桨和尾轴螺母与尾轴试装一次。要求螺旋桨两端与尾轴接触均匀,用0.05 mm厚的塞尺应插不进。

（2）清洗胶合表面,可用细砂纸擦去锈渍,用丙酮清洗油污,最后用中性氧乙炔火焰烘干,并使尾轴与螺旋桨毂保持 30～40℃ 的温度,这对冬季或雨天进行操作是特别重要的措施。至此,应立即进行胶接。

（3）用清洁的刷子将胶粘剂均匀地涂在桨毂和尾轴的胶合表面上,涂层厚约 0.30～0.40 mm。涂层不得有气泡、脱落的刷子毛及砂粒等存在。

（4）对于螺旋桨锥孔内原有中空的非配合部分,应事先用环氧树脂将其填满,涂好胶粘剂后,应立即将螺旋桨套进尾轴,并上紧尾轴螺母,尾轴螺母用大锤敲到位后再稍敲紧即可。

（5）胶粘剂在常温下经 24 h 即可固化。如欲缩短固化时间,可用氧乙炔火焰或喷灯加热桨毂至 80～100℃ ,经 4 h 即可固化。胶粘剂固化后船才能下水。

采用胶合安装螺旋桨,其施工工艺及胶合剂配方应经验船师审查同意。并要求严格按工艺规程执行。

用充入牛油和加密封圈等措施来为防止海水沿螺旋桨前后端的锥孔与尾锥体配合的缝隙间渗入。

螺旋桨安装好后,验船师要复核螺旋桨与尾柱、舵、船壳之间的最小间隙,使之符合规范和设计图纸的要求。

第2篇 渔船辅助机械

第4章 船用泵

4.1 船用泵的用途和分类

4.1.1 船用泵的用途

船用泵是输送流体的机械,通过不同的管路系统可将燃油、润滑油、淡水和海水等输送至主机、各类辅机及全船各处。泵由原动机驱动。渔船上泵的驱动形式主要有电动、柴油机带动和手动三种。

泵在船上的用途极广,例如:用作柴油机的燃油泵、润滑油泵和冷却水泵;锅炉装置中所用的给水泵、凝水泵;为船员食用、洗涤等所需设置的淡水泵、海水泵、卫生水泵;为船舶航行服务的压载水泵、舱底水泵;为船舶安全服务的消防泵;各种辅助机械和装置中设置的压力油泵、制冷剂泵、盐水泵、真空泵以及特种泵,如鱼泵等。

4.1.2 船用泵的分类

根据吸、排液体的工作原理区分,船用泵大致可分为容积式泵、叶片式泵和喷射泵三类。

(1) 容积式泵:依靠泵的工作容积的改变而抽吸和排出液体。有往复泵(如活塞泵、柱塞泵)、回转泵(如齿轮泵、螺杆泵、滑片泵)以及回转柱塞泵(如径向回转柱塞泵、轴向回转柱塞泵)等。往复泵在船上常被用作舱底水泵和锅炉给水泵,回转泵常被用作燃油泵和润滑油泵。

(2) 叶片式泵:通过工作叶轮带动液体高速旋转和流动而转换能量和吸、排液体。常用的有离心泵和旋涡泵等。叶片式泵多用作输送海水和淡水的各种水泵。

(3) 喷射泵:利用具有一定压力的工作流体的喷射流动,造成泵的吸入室真空而抽吸和排出液体。喷射泵常被用作真空泵和舱底水泵。

4.2 泵的性能参数

(1) 流量:单位时间内泵所输送的液体体积或质量,称为泵的容积流量或质量流量。二者关系如下:

$$G = \rho Q$$

式中：G ——质量流量(kg/h)

Q ——容积流量(m^3/h)

ρ ——液体密度(kg/m^3)

(2)扬程：扬程也称压头，它是指液体流经泵后所获得的能量增量。在忽略不计液体在管子中的流动阻力损失时，习惯上也常把泵的扬程粗略地理解为泵所能提升液体的几何高度。扬程常用符号 H 表示，单位为米(m)(液柱高度)。

实际应用中，泵的扬程皆用泵吸、排口处的压力表差值估算，即：

$$H = P_a - P_s$$

式中：P_a ——泵排出口处压力表读数(MPa 或 mH_2O)

P_s ——泵吸入口处压力表读数(MPa 或 mH_2O)

(3)转速：泵轴每分钟的回转数，用符号 n 表示，单位为转每分(r/min)。往复泵的转速常以活塞或柱塞在泵缸内每分钟的往复运动次数表示，单位为每分(次/min)。

(4)功率：泵的功率有输入功率和输出功率之分。输入功率是指原动机传给泵的功率，即轴功率，用符号 N_o 表示；输出功率是指单位时间内泵对液体所作的功，即有效功率，用符号 N_c 表示。功率的单位为 W 或 kW。

有效功率可通过下式计算：

$$N_c = Ggh = \rho QgHW$$

式中符号含意同前。计算时流量单位应取 kg/s 或 m^3/s。

泵的性能参数中标定的功率是指泵的输入功率，即轴功率。

(5)效率：泵的输出功率和输入功率的比值，常用符号 η 表示。

$$\eta = N_c/N_b$$

效率是表征泵的技术经济性能的指标。通常离心泵的 $\eta = 0.6 \sim 0.9$，往复泵的 $\eta = 0.75 \sim 0.95$。

4.3 往复泵

4.3.1 往复泵的工作原理

图 4-1 所示为单作用往复泵装置示意图。当活塞 5 被原动机带动从左死点向右移动时，活塞左侧泵缸容积增大，缸内压力逐渐降低。当作用在吸入液面上的压力和泵缸 4 内的压力差增大至一定值时，吸入阀 3 被顶开，液体便被吸入泵缸。当活塞经过右死点位置向左运动时，泵缸内的液体受到挤压，于是将吸入阀关闭，并顶开排出阀 8 向外排出液体。活塞运动至左死点，泵缸内液体全被排出。然后又开始下一个工作循环。

图 4-2 所示为双作用往复泵示意图。由图可见，该泵在活塞一个往复行程中将吸入和排出液体各两次。故其流量比单作用往复泵大，供液也较均匀。图 4-3 所示为差动泵示意图。差动泵在结构上的特点是具有一根较粗大的活塞杆。在活塞一个往返行程中，差动泵大都一次吸入液体，分两次排出。故其供液也比单作用泵均匀。

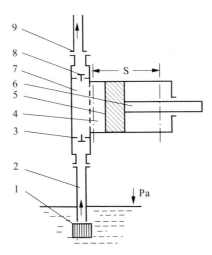

图 4-1　单作用往复泵装置示意图

1-吸入滤器;2-吸入管;3-吸入阀;4-泵缸;5-活塞;

6-活塞杆;7-阀箱;8-排出阀;9-排出管

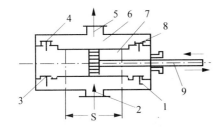

图 4-2　双作用往复泵示意图

1、3-吸入阀;2-吸入管;4、8-排出阀;5-排出管;

6-活塞;7-泵缸;9-活塞杆

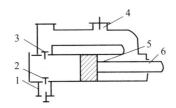

图 4-3　差动泵示意图

1-吸入管;2-吸入阀;3-排出阀;4-排出管;

5-活塞;6-活塞杆

4.3.2　往复泵的性能特点

(1) 自吸能力好:由于往复泵在启动时不需要外界帮助就能自行地从低处吸上液体并排出,故其被广泛地用作舱底水泵,抽除船舶舱底的污水。

(2) 泵的压头与流量无关:往复泵的流量只与泵的尺寸、转速和作用数有关,而与压头无关。试验表明,当转速一定时,往复泵的流量和压头性能曲线几乎为一直线。即在一定的流量下,其压头可为任意值。往复泵的压头仅取决于原动机的功率、泵的强度和密封性能。往复泵的这一特性,使之能够做成高压头、小流量的泵,以适应船舶动力装置的专门需要。

(3) 排量不均匀:往复泵供液有间歇性,且即使在排出过程中,其瞬时排量也不均匀。改善的措施是在排出管上装设空气室。

(4) 转速不宜太高:若转速太高,则惯性损失严重。由于转速不能提高,故往复泵的尺寸、重量和造价往往较大,结构也较复杂。

4.3.3　往复泵的安装要求

(1) 泵体必须平直而牢固地固定在有足够刚度的底座上,以免工作时产生剧烈振动,影响各机件之间的可靠连接。安装时底座上的垫铁块数越小越好。

（2）传动装置的安装工作需要耐心仔细地进行。根据泵的传动方式不同,常见的传动装置有齿轮传动、皮带传动和联轴器传动三种。

渔船舱底污水泵的传动是由主机前端输出轴偏心凸轮驱动,在安装时要注意中心线与主机输出轴中心线保持合理的垂直度,安装完毕传动主机泵轴、活塞运动应轻松灵活无卡滞现象,并且各阀工作要协调。

4.4　离心泵

4.4.1　离心泵基本结构和工作原理

离心泵基本结构如图 4-4 所示,泵轴 6 由原动机带动旋转,叶轮 1 随之转动,带动充满在叶轮中的水一起运动,并把原动机输入的能量传递给水。水沿两叶片间构成的流道在离心力作用下向外甩出,汇集于螺旋形的泵壳 3 中。在流经泵壳至扩压管段 5 时,通过过流截面积的逐渐增大,使液体的动能转变成压力能,从泵的排出口排出。为了防止泄漏,泵的吸入端设有阻漏环 7,泵轴伸出端设有填料箱 8。在叶轮将水甩出去的时候 . 叶轮吸入口形成一定的真空,于是又沿吸入管吸入液体。

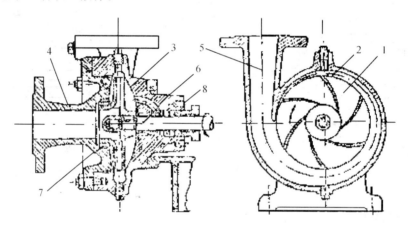

图 4-4　离心泵基本结构

1-叶轮;2-叶片;3-泵壳;4-吸入接管;5-排出接管;6-泵轴;7-阻漏环;8-填料箱

4.4.2　离心泵的主要构件

（1）叶轮:叶轮常用青铜铸造而成,其上铸有 6～12 片叶片。叶轮的轮毂中心开孔,用键和螺帽固定于泵轴端部的锥体上。

叶轮有闭式、半开式和开式之分,如图 4-5 所示。常用闭式叶轮,它由前、后盖板,叶片和轮毂组成。

叶轮按吸入液体的方式不同,也可分为单吸式叶轮和双吸式叶轮。

（2）泵壳:主要有两种型式:一种为蜗壳式;另一种为扩散轮式。蜗壳式应用得最为普遍。扩散轮式主要用于多级高压泵中。蜗壳呈螺旋形,其内部流道截面积逐渐增大,出口处为圆锥形的扩压管。扩压管的扩散角一般为 6°～10°。实践表明,在此范围内液体在扩散时的水力损失最小。

（3）密封机构:离心泵中发生泄漏的部位主要是叶轮与泵壳以及泵轴与泵壳的间隙处。前者通常用阻漏环堵漏,后者用填料箱或机械密封装置密封。

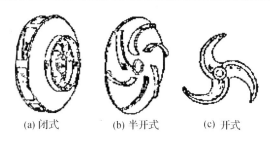

(a) 闭式　　　(b) 半开式　　　(c) 开式

图 4-5　离心泵叶轮

①阻漏环:阻漏环又称口环或密封环,由安装在泵体上的定环和叶轮上的动环两部分组成。它们的材料通常为锡青铜或磷青铜。有平圆形、曲径形和锯齿形,如图 4-6 所示。通常采用的为平圆形环,曲径形环仅用于高压泵中,动环和定环之间的间隙越小,接触面越多,阻漏效果越好,但其制造和装配工艺要求也高。阻漏环的径向间隙 δ 可按以下经验公式确定:

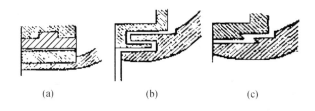

(a)　　　　　(b)　　　　　(c)

图 4-6　阻漏环形式

阻漏环直径 $D < 150\,mm,\delta_{min} = 0.20 \sim 0.25\,mm$;如 $D > 150\,mm,\delta = \delta_{min} + 0.001(D - 150)mm$。阻漏环最大许可间隙 $\delta_{max} = 0.3 + 0.004D\,mm$

②填料箱:离心泵的填料箱如图 4-7 所示。填料通常采取浸透石墨或浸透黄油的棉织物、石棉。通过压紧或放松填料压盖4。可调节填料的密封程度。但如压得太紧,易使填料很

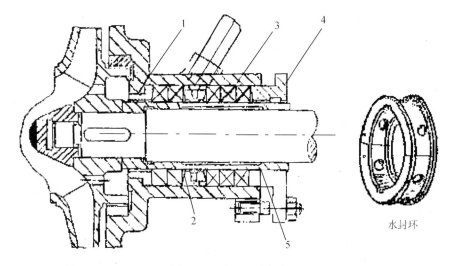

水封环

图 4-7　离心泵填料箱

1-内圈;2-水封环;3-填料;4-填料压盖;5-轴套

快磨损;压得太松,则会产生泄漏。在填料当中设有一个水封环2。泵壳上设有水封管将泵排出的压力水引至水封环,沿泵轴向两端渗出,以阻止空气漏入泵内,并可对泵轴进行冷却。因此安装时应注意不可将水封环上的小孔堵死。水封环由两个半圈组成,内径略大于轴径,工作时可避免擦伤泵轴表面。

4.4.3 离心泵的轴向力

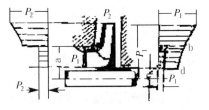

离心泵工作时会产生轴向力,其原因主要是单侧吸入式叶轮两侧盖板形状不对称,致使两侧受力不相等而引起。如图4-8所示,在阻漏环半径以上部分,叶轮两侧所受液体的压力对称相对。而在阻漏环以下部分,叶轮背侧受力大于前侧。故离心泵工作时总存在一个朝向吸入侧的轴向力。轴向力的存在会使叶轮轴向窜动,影响泵的正常工作。且可能造成叶轮与泵壳发生摩擦。故必须设法消除。常用的方法有以下几种:

图4-8 叶轮两侧的压力分布

(1) 平衡环—平衡孔法:如图4-9所示,它是通过在叶轮后盖板上装设平衡环2,以阻止压力液体漏至叶轮下方。漏至该处的液体则通过在叶轮后盖板上所开设的若干个平衡孔3流回至叶轮的吸入侧,使叶轮前、后二侧压力相等,以平衡轴向力。

(2) 平衡环—平衡管法:从平衡孔流回叶轮吸入端的液体对叶轮中的液流会产生冲击和扰动。故为了克服这一不足,采取外接平衡管或开在泵体内的流道,将流至叶轮背侧的液体引至泵的吸入端,使轴向力平衡。这时,叶轮上不再开设平衡孔。

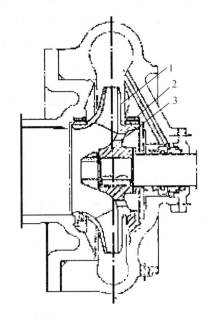

(3) 利用对称性平衡轴向力:多用于多级离心泵中。它是将尺寸相同的叶轮对称布置或采取双吸式叶轮,使轴向力相互抵消而达平衡。

(4) 采取专门的平衡盘装置:包括止推轴承和自动平衡盘装置。止推轴承能够承受的推力不大,故仅用于小型泵中或者作为以上各种平衡方式中的辅助设备。

图4-9 平衡环—平衡孔结构
1—叶轮;2—平衡环;3—平衡孔

4.4.4 离心泵的工况调节

离心泵用于输送液体时,总是与管路系统配合工作的。因此泵的工况点便是泵的性能曲线与管路特性曲线的交点。离心泵工况点的调整方法有以下几种:

(1) 节流调节法:通过改变泵的排出阀的开启度,调节泵的流量。它所需要的设备简单,操作也方便,故被广泛采用。

(2) 回流调节法:也称旁通调节法。它是通过调节旁通阀的开启度来调整主管路中的液体流量。此法由于使泵的总排量增加,消耗功率增大,经济性差,故较少采用。

(3) 变速调节法:当泵由柴油机或直流电动机带动时,也可采取改变原动机转速的方法来调节离心泵的工况。变速调节法因无附加的阻力损失,故效率较高。这种方法可在较大的范围内调节泵的流量和压头。但转速变化不宜太大,否则原动机效率会下降。转速过高,还应注意防止原动机过载。

(4)切割叶轮法:这是一种根据实际需要而采取的永久性措施。通过将叶轮外径变小,泵的性能曲线平移而使泵的工况点改变。显然,叶轮外径不能任意、多次地切割。

(5)离心泵并联工作:离心泵并联工作时总性能曲线的变化遵循以下原则:压头相等,排量累加。故如果一台泵的排量不能满足系统的需要时,可用两台或多台泵并联工作,共同向系统中供液,以满足要求。

(6)离心泵串联工作:串联工作可用以解决单泵压头不足的问题,其性能曲线变化特点为:流量相等,压头累加。但因第二级泵的吸、排压力均比单独工作时高,因此串联在后面的泵应具有足够的强度和较好的密封性能。如两台性能不同的泵串联工作,则两泵的额定排量应比较接近,以确保它们都能在高效区内工作。

4.4.5　离心泵安装注意事项

(1)泵在安装前,应对转子进行部件装配,最好用千分表逐一检查叶轮、轴套和平衡盘等的同轴度,一般轴套的同轴度不超过 0.1 mm;平衡盘的同轴度不超过 0.06 mm;阻漏环则不得超过 0.08~0.14 mm。

(2)在装配多级导轮式离心泵时,必须使叶轮出口对准导轮进口。当两者偏离不大时,可通过在轴套之间加装垫圈的方法来调整,但偏离较大时则应更换合适的轴套。

(3)泵与原动机轴线的找正,是一件比较细致而又重要的工作,决不可以因采用了弹性联轴器而放松工作。

找正工作通常以联轴器为依据,利用塞尺与直尺进行。一般两轴中心线的误差不超过 0.05 mm,两联轴节间的轴向间隙可用塞尺测量,通常小型离心泵的间隙值约为 2~4 mm;中型泵为 4~5 mm;大型泵为 4~8 mm。

(4)底座必须有足够的刚度,以防工作时产生振动。泵体要与底座固牢,两者之间所垫的铁块数目应越少越好。

4.5　旋涡泵

4.5.1　旋涡泵的基本结构和工作原理

旋涡泵按其叶轮型式不同可分为闭式旋涡泵、开式旋涡泵和离心旋涡泵三种。闭式旋涡泵应用得最为普遍。图 4-10 所示为闭式旋涡泵的结构图。它的总体结构与离心泵基本相同。但它的叶轮 1 是一个等厚度的圆盘,其上铸有多个短直的叶片,如图 4-10(b)所示。两叶片之间设有隔板,使液体不能在两叶片之间轴向地流过,这种叶轮称为闭式叶轮。它的泵壳两侧与叶轮紧贴。叶轮外圆与泵壳之间形成环形流道 4。流道被中央隔板 5 隔开,分成吸入和排出两侧。由于这类流道都沿径向向外延伸,并构成泵的吸、排口,故称为开式流道。

当液体沿径向进入叶片之间后,便随叶轮一起高速旋转,获得能量,在离心力作用下又被甩入流道之中。由于流道形状的限制,液体在流道中形成涡流(如图 4-11(a)所示),使之又返回后面转来的叶片之间。如此多次反复获得能量,直至排出,可见液体在旋涡泵中的流动情况是:对固定的泵壳来说,它是随着叶轮旋转从入口至出口不断地、螺旋形地前进的;而对旋转的叶轮来说,则是螺旋形地后退的,如图 4-11(b)所示。

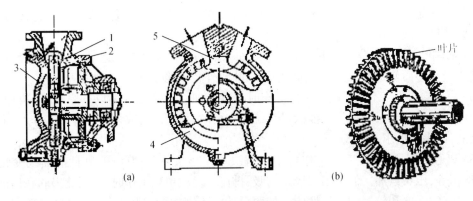

图 4-10 旋涡泵结构图

1-叶轮;2-泵壳;3-泵盖;4-流道;5-隔板

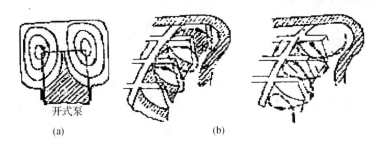

图 4-11 旋涡泵工作原理图

4.5.2 旋涡泵的特点

(1)液体在泵内多次流经叶轮获得能量。与离心泵相比,如叶轮外径和转速等参数相同,旋涡泵产生的扬程可比离心泵的大 2～5 倍。因此旋涡泵可制成高扬程、小排量的泵。

(2)旋涡泵叶轮的叶片数较多,通常达 20～48 片。叶片较短直。

(3)液体流经泵时与流道和叶片撞击损失较大,故旋涡泵的效率较低。闭式旋涡泵的效率一般为 20%～40%,最高达 45%;开式旋涡泵的效率通常为 20%～30%,最高达 35%。

(4)旋涡泵的性能曲线如图 4-12 所示,它们都比较陡。Q-H 曲线陡,表明该泵压头变化较大时,流量变化并不大;Q-η 曲线陡,意味着泵的高效工况区较窄;旋涡泵的 Q-N 曲线很有特点,它指出泵的流量减小时,所消耗的功率增大。因此旋涡泵不宜采取节流法调节泵的流量,而应采取回流调节法。旋涡泵启动时也应将排出阀、旁通阀全开,以降低电动机的启动负荷。

(5)旋涡泵的叶轮与泵壳之间的间隙要求较严,通常叶轮与泵壳隔板间的径向间隙为 0.15～0.30 mm,叶轮两侧与泵壳间的轴向间隙为 0.07～0.20 mm。故旋涡泵不宜输送有杂质的液体,否则磨损严重。也不宜输送黏度太大(大于 15°E)的液体,否则流动阻力损失过大,使泵的扬程大大降低。

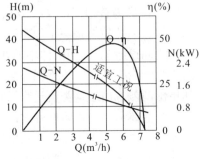

图 4-12 旋涡泵的性能曲线

（6）旋涡泵结构简单、紧凑,易于机舱布置。故被广泛地用作辅助锅炉和压力水柜的给水泵,以及中、小型柴油机的冷却水泵。

4.6 喷射泵

4.6.1 喷射泵的构造

喷射泵由喷嘴和泵体两部分组成,如图 4-13 所示。喷嘴是一个断面逐渐收缩的圆锥管。泵体由吸入室、混合室和扩压室三部分组成。吸入室的接管通至抽吸液面。混合室通常为圆柱形,泵的扬程较低时也采取收缩形(圆锥形)或圆锥—圆柱混合形。扩压室是一段截面积逐渐扩大的圆锥管,扩散角为 $6°\sim8°$。扩压室的出口与泵的排出管路相连。

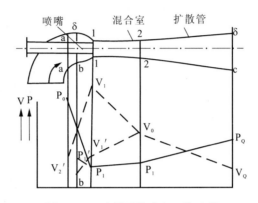

图 4-13 喷射泵构造和工作过程

4.6.2 喷射泵的工作过程

喷射泵吸、排液体时,分引射、混合和扩压 3 个过程。喷射泵工作时必须要有具有一定压力的工作流体,工作流体可以是高压蒸汽或压力水,也有用压缩空气的。当工作流体流经喷嘴后,在喷嘴出口处流速增高,压力降低,于是便在压差作用下,将被抽吸的液体引射入泵内,并与工作流体一起进入混合室,在混合室中发生碰撞、混合和传递能量。工作流体的流速降低,放出能量;被引射的流体获得能量,流速增高。然后混合流体流入扩压室,通过过流截面积的逐渐增大,使流体的流速降低,压力升高,流体的动能转变为压力能而向外排出,完成抽吸和排出液体的过程。

4.6.3 喷射泵的特点

喷射泵结构十分简单,重量轻、体积小;泵内无任何运动部件,工作时无噪声;能输送水、气等各种流体以及如鱼、煤粉等固体物质;且具有较好的自吸能力。它的主要缺点是效率低,一般只能达到 $15\%\sim30\%$。此外它工作时必须要有一定压力的工作流体作为动力源。

第 5 章　空气压缩机

5.1　空气压缩机的用途、分类

空气压缩机是用来将自由空气压缩而增加它的压力的一种机械装置。增压后的空气,一般叫做压缩空气。用来储存压缩空气的密封容器,叫空气瓶或储气瓶,俗称"冷泵"。压缩空气由空气压缩机充入空气瓶,并经常保持一定的压力,以备应用。常用的空气压缩机有离心式、回转式和活塞式等类型。目前渔船上普遍采用的压缩机为活塞式结构,因为它的制造、维修较为容易。

渔船机舱内,一般有两只空气瓶经减压阀减压后分别为不同用途提供压缩空气。

5.1.1　压缩空气在渔船的用途

(1) 压力在 2.5 MPa 以上者用于主机启动。

(2) 压力在 1 MPa 左右者用于柴油机操纵机构、换向机构、风动工具等。

(3) 压力在 0.8 MPa 者用于 135 系列辅机起动。

(4) 压力在 0.4 MPa 左右者用于刹车、填充压力水柜和吹洗机件等。

为了满足渔船作业需要,目前渔船上普遍配备一台电动空气压缩机,一台由辅机直接拖动的空压机。同一空气压缩机只能提供某一压力的压缩空气。根据前面讲的,不同用途需要不同压力的压缩空气,为了简化设备,通常是利用减压阀,把同一高压压缩空气,分别降至所需的各种不同压力的压缩空气。

5.1.2　活塞式空气压缩机的分类

(1) 按气缸数目分:单缸、双缸、串缸和多缸。

(2) 按气缸中心线位置分:立式、卧式、V 型和 W 型。

(3) 按压缩级数分:单级、两级和多级(两级以上)。

(4) 按作用次数分:单作用、双作用和差动式。

(5) 按排气量分:1) 微型排量——等于或小于 1 m^3/h;2) 小排量——大于 1 m^3/h 等于或小于 10 m^3/h;3) 中排量——大于 10 m^3/h 等于或小于 100 m^3/h;4) 大排量——大于 100 m^3/h。

(6) 按排气压力分:1) 低压——0.2~1 MPa(表压);2) 中压——1~10 MPa(表压);3) 高压——10~100 MPa(表压);4) 超高压——100 MPa(表压)。

(7) 按冷却方式分:风冷、水冷。

(8) 按润滑方式分:飞溅润滑、压力润滑。

为了便于理解,综合活塞式空压机结构和工作原理绘出图 5-1 所示的空压机分类示意图。

其中串缸均为单作用二级压缩,W 型均为单作用单级压缩、三个气缸的连杆装在同一曲拐轴上,气缸彼此之间的夹角为 60°,图中未示出。

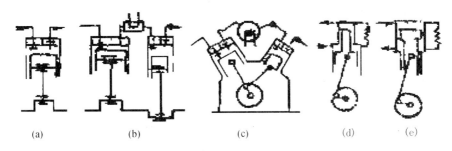

图 5-1　活塞式空压机分类示意图

(a)立式、单缸、单作用;(b)立式、双缸、单作用、二级;

(c)V 型、双缸、二级;(d)单列、串缸、串送式;(e)单列、串缸、差动式

船用活塞式空压机多为立式、单作用、双缸或串缸、二级压缩、水冷、中压和中小排量的。

为了缩小外形尺寸、减轻重量而不影响排量,活塞式空压机正以提高转速和缩短行程的趋向发展。

5.2　活塞式空气压缩机的工作原理与结构

单作用活塞式空压机的工作原理与四冲程柴油机有某些相似之处,只不过前者本身不产生动力,相反地还要其他的原动机来带动,因而它的工作过程只有进气、压缩、排气和膨胀 4 个过程,也不包括它们的先后次序。

单级单作用活塞式空压机的理想工作循环,可用纵坐标为压力,横坐标为容积的 $P—V$ 图表示。当不考虑实际工作循环中因实际情况而引起压力和容积发生变化这样的工作循环,就叫做理想工作循环。

单级单作用活塞式空压机的理想工作循环如图 5-2 所示。

当活塞 2 在气缸 1 中从左死点 a 向右移动时,活塞 2 左边的空间容积增大,形成真空,压力为 P_1 的外界空气就将顶开吸气阀 3 而进入气缸的左边空间,一直到活塞移到右死点 b 时为止,这是吸气过程,以直线 a—b 表示。

当活塞 2 改变运动方向,从右死点 b 向左移动时,吸气阀 3 关闭,活塞左边的空间容积变小,上一个过程的空气受到压缩,压力升高,直至活塞移到点 c 位置,排气阀打开。在此以前,空气压力由 P_1 升至 P_2,这是压缩过程,以曲线 b—c 表示。

当活塞继续从 c 点向左移动时,由于排气阀 4 开启,左边空间的空气压力就不会再升高,而维持 P_2 压力排出气缸,直至活塞移到左死点 d 时为止,这是等压排气过程,以直线 c—d 表示。

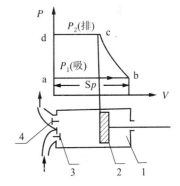

图 5-2　单级单作用活塞式空压机理想工作循环

1-气缸;2-活塞;3-吸气阀;4-排气阀

至此,空压机已完成了一个工作循环,活塞走了两个行程又回到了原来的位置。若活塞再向右移时,便开始了新的工作循环。只要活塞又不停地在气缸内作往复运动,外界的空气就会被吸入,压缩和排出,压力由 P_1 升高到 P_2。把工作循环中的 4 个过程线 a—b、b—c、c—d 和 d—a 画在以压力 P 为纵坐标,气缸容积 V 为横坐标的 $P—V$ 图上,它们所围成的面积 abcda 表示空压机完成一个理论工作循环所消耗的理论功,故本图又称理论压气过程示功图。

空压机的实际工作循环,虽然同样由 4 个过程所组成,但由于存在各种实际因素,如管路阻力、空气漏泄、热交换和气缸余隙容积等,故压缩机的实际工作循环与理想工作循环不一样。图 5 - 3 所示为实际工作循环图。

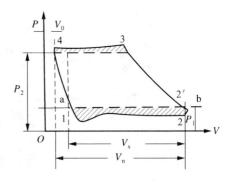

图 5 - 3 单级活塞式空压机实际工作循环

从图中可以看出:进气过程气缸中的压力比 Pa 低(图中虚线所示),且进气是在点 1 之后开始的;排气压力 P_2 高,且排气是在点 3 开始的;空气膨胀过程不是垂直直线,而是向右倾斜的曲线,活塞行程的左死点不与 P 坐标重合,而用 V_0 表示那样的距离。影响过程曲线形状变化的实际因素是很复杂的,这里仅对其中后一种主要因素(余隙容积)加以叙述。活塞在死点位置时,活塞顶与气缸盖之间必须留有一定间隙,以免曲柄连杆机构受膨胀或轴承松动和磨损等,引起活塞顶撞击气缸盖而造成机损事故。同时利用它所产生的气垫,可以帮助活塞回行。由上述空间所构成的容积称为余隙容积,以 V_0 表示,因而活塞的左死点位置不与纵坐标 P_0 重合。由于余隙容积 V_0 的存在,排气过程终止时,活塞不可能将气缸内的压缩空气全部挤出,而将残留一部分于余隙容积 V_0 内,当活塞改变移动方向开始新的进气行程时,残留在余隙容积 V_0 中的那部分压缩空气必将随着活塞右移而逐渐膨胀,即左边空间容积变大而压力降低,所以膨胀过程线是向右偏斜的 4—1 曲线。在此膨胀过程中,气缸内的压力高于 Pa,进气阀处于关闭状态,直至活塞移到点 1 位置之后,缸内压力低于 Pa 时,吸气阀开启时才开始进气。显然,余隙容积 V_0 愈大或相同的余隙容积而排气压力 P_2 愈晚,吸气过程愈短,吸气量愈少。为了提高空压机的排气量,应当尽量地减少余隙容积,以增大其吸气量。

余隙容积比较不好测量,而余隙容积的高度(即活塞位于缸盖端的死点位置时活塞顶与气缸盖之间的间隙),却很容易测量。其具体方法是:首先拆开气缸盖,把几个小铅球或几段粗的保险丝均布于活塞顶上,装上气缸盖,然后再转动空压机的曲轴,使活塞越过上死点,再拆开气缸盖,取出被压偏的铅球或保险丝,测量它们两扇平面之间的高度,取其平均值,即为余隙容积的高度(一般为 0.5~1 mm),把它乘以气缸断面积便得余隙容积。由于气缸面积为一不变的数值,故可用余隙容积的高度表示该气缸余隙容积的大小。

在许多技术资料中,并不用余隙容积 V_0 值,也不用余隙容积高度值,而用相对余隙容积 α 来反映余隙容积的大小,以便对不同类型的空压机进行比较。相对余隙容积 α 为余隙容积 V_0 与气缸的工作容积 V_h 之比,即 $\alpha = V_0/V_h \times 100\%$。

根据统计,压缩机的相对余隙容积值(α)如表 5 - 1 和表 5 - 2 所示。

表 5 - 1 余隙容积值

压力(MPa)	相对余隙容积值 α
≤20	0.07~0.12
≥20~321	0.012~0.16

表 5-2　余隙容积值

排气量(m³/min)	相对余隙容积值 α
<0.2	0.08~0.10
>0.2	0.035~0.05

空压机的排气压力是随背压的高低而变化的,而背压的高低又取决于排气管中(包括管道粗细、长短及其内表面的光滑程度,排气阀及以后的阀的通流面积等)的流动阻力及空气瓶内压力。排气压力升高,尽管余隙容积或相对余隙容积不变,但因残存在余隙容积中压缩空气膨胀曲线进一步偏斜,而使吸气过程变短,吸气量减少。所以在相同时间内,空压机所排出的空气量会随着背压或排气压力的升高而逐渐减少。

单级空压机的最高压力一般为 0.59~0.69 MPa(6~7 kgf/cm² 表压),压力不能过高的主要原因是压缩末了温度可能超过压缩机曲轴箱内润滑油的闪点很多,这是安全运转所不允许的。前面谈到柴油机启动需要 2.5 MPa(25 kg·f/cm²)以上的压缩空气,这显然不能采用单级空压机。事实上都是采用两级活塞式空压机,并且在第一级排出和第二级吸入之前中间设有水冷式或内冷式冷却器,对经过一级压缩的空气进行冷却。这样的装置常称为二级压缩及中间冷却。如果压缩是两级以上并在每两级之间都设有冷却器的就称为多级压缩及中间(或级间)冷却。

二级压缩及中间冷却装置示意图如图 5-4 所示。压力为 P_1,温度为 t_1 的空气进入一级气缸内,经过一级压缩后的空气压力上升为 P_2 温度上升为 t_2,排入中间冷却器 2(图示为水冷式),经过冷却降温(由 t_2 降为 t_2')而压力 P_2 不变(这种压力不变的冷却称为等压冷却)。然后再进入二级气缸中继续压缩,压力和温度分别由 P_2 升至 P_3,由 t_2' 升至 t_3,再排入冷却器 4 进行等压冷却,温度由 t_3 降为 t_3',最后经水分离器(图中未画出)除去其中部分水分后进入空气瓶。尽管这种装置的结构复杂,初建费用高,但它有许多优点。

为了说明这种采用中间冷却的优点,把它与单级压缩在 P-V 图上进行比较,则一目了然。

图 5-5 为具有相同初始压力 P_1 已和压缩末了压力 P_3 的压缩示功图。图中的 gadf 为单级压缩的工作循环所围成的面积。代表完成该工作循环所耗的压缩功。采用两级压缩及中间冷却时,图中的 oabn 为一级气缸压缩的工作循环所围成的面积,同样代表该气缸完成该工作循环所耗的压缩功。经过一级压缩压力为 P_2 的空气排入冷却器进行等压冷却,把温度降至压缩前的初始温度,压缩空气的容积也相应地由 V_0 减小至 V(分别与图中的点 b、c 对应),然后进入二级气缸 c—e 线进行压缩,由 P_2 升至 P_3,则图中的 mcef 为该(二级)气缸压缩的工作循环所围成的面积,同样代表该气缸完成该工作循环所耗的压缩功。

二级压缩及中间冷却与单级压缩相比,有如下优点:

(1) 获得相同的压缩压力 P_3,而其温度却比单级压缩的低得多,这就保证压缩机有良好的润滑。当然,温度低是有赖于中间冷却器的良好冷却。

(2) 节省功耗。图中的面积 cbde~ogmn 为完成每一工作循环所节省的压缩功。它是由中间冷却取得的。

(3) 二级压缩的吸气过程线 o—a 比单级压缩的 g—a 长,因而吸气量增加。这就说明随着级数增加,余隙容积的影响会减少。

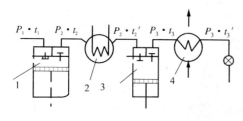 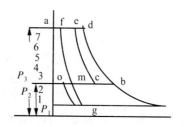

图 5－4　二级压缩及中间冷却装置示意图　　　图 5－5　一级与二级压缩的 P－V 图
1—一级气缸；2—中间冷却器；3—二级气缸；4—压后冷却器

（4）作用在活塞上的压力差随着级数的增加而减少，这有利改善机器的运转性能和受力情况。

上述（1）、（2）两个优点都与中间冷却器效果有关。冷却效果愈好，两个优点愈显著，冷却器失效，则两个优点会随之消失，而与单级压缩装置的结果（压力、温度、功耗）相同。因此，在日常运转中，要经常注意冷却器的出口的空气温度（风冷式的）或冷却水的出口温度（水冷却的），严防风向不对（风冷式的风机是由驱动空压机的电动机带动的，电动机转向一错，风向就不对）或冷却水断流而使冷却器失效，引起排气温度过高而破坏空压机的安全运转。

为了使冷却器有良好的冷却效果，对冷却器要做好清洁、维护工作。风冷式冷却器的散热片表面不应积有灰尘、油垢；水冷式冷却器的冷却水管内外表面不应附有水垢和油污。

在储气瓶之前通常装有压后冷却器，让从压气机排出的高压高温空气经过它冷却后再进储气瓶。空气中含有或多或少的水蒸气，经压缩压力提高后，它的密度变大，如果跟随空气进入储气瓶，一旦温度降低，它将凝结成水并占据气瓶的部分空间，由此产生的不良后果有：

（1）储气瓶内压力不稳定：由蒸气变成水，瓶内压力随着蒸气的密度急剧变小而降低。如果空压机为自动控制，则将使空压机启动频繁。

（2）储气瓶内的容量减少：储气瓶的容积是一定的，其中容纳的压缩气量，随着凝水量的增加而减少，这就可能无法满足柴油机连续启动数次所需的压缩空气量。

（3）压缩空气质量不好：压缩空气夹带水滴进入运转机械（如风动工具、换向机构等）中，不仅容易发生故障，而且可能产生腐蚀与水击。冬天还可能引起结冰冻裂。

另外，润滑油蒸气在储气瓶内凝结，也将产生某些不良影响。

因此，在储气瓶之前，应设置压后冷却器和水分离器，目的是使压缩空气获得干燥和净化，以避免产生上述的不良后果。

5.3　活塞式空气压缩机的润滑与冷却

5.3.1　空压机的润滑

良好的润滑和冷却是空压机安全可靠运行的根本保证。因此，不论任何型式的空压机都必须设有这两个系统来为它的正常运行服务，尽管型式及其完善程度不同。空压机的运动付很多，如曲轴与主轴承，连杆大端轴承与曲拐轴颈、活塞与气缸内壁等等，这些部件和柴油机一样需要进行良好的润滑。其目的除了使各运动机件的磨损量、摩擦功耗及压缩空气的泄漏量等降低到最小程度外，还可使摩擦面的冷却，锈蚀的防止，脏垢的洗涤，振动的阻尼等得到一定程度的改善。

空压机的润滑方式有飞溅润滑和压力润滑两种。后者系一专设系统,由空压机主轴带动油泵(或独立的电动油泵)组成,润滑由油泵供给各润滑点,然后又流回油泵,如此不断循环。这种系统可装设油过滤器,以除去油中的机械杂质,提高润滑效果。同时供油量可根据需要进行调节,而一般是以装在系统中的油压表的读数为依据,如果该读数低于说明书上的规定值时,则运动机件因润滑油油不够而可能引起严重故障,如烧瓦、抱轴等事故。当然,读数太高,则油泵的功耗增加,造成能源浪费。飞溅润滑一般是利用油勺或甩油环击溅曲轴箱中的润滑油来进行润滑的,没有形成独立的润滑系统。虽然润滑效果比压力润滑的差,但结构简单(只设一油勺),成本极低,故为船上小型空压机广泛采用。

采用飞溅润滑的空压机,要注意曲轴箱中的油位保持在油尺的两条刻线之间,油位过高,击溅厉害,油的飞溅量增多,这不仅使功耗增加,油的扰动加剧,油温升高,油变质加快,而且窜入气缸工作空间的滑油量可能因飞溅量增多而增加。其结果,轻则使压缩空气中的所含油分增加,品质变坏;重则油被氧化成胶状物质,使活塞环卡在环槽内,不能很好地对气缸内壁施油润滑。同时,气阀也可能因胶质粘附而不能运动自如;严重时,还可能在缸内发生爆燃事故。油位过低,则可能由于溅量不够,油雾减少,而引起润滑不良,并产生不良后果。

空压机所用的润滑油除了按说明书规定的油种不得随意改变外,还需及时更换新油,对已严重污染或经烧瓦的滑油,应检查其粘度和机械杂质的含量,必要时予以换新。

渔船用空压机所用的润滑油,在一般性气候的地区,冬天采用我国石油公司生产的HS－13压缩机油,夏天为 HS－19 压缩机油。前者的粘度比后者小,是因为油的粘度随温度的升高而降低,随温度的降低而升高的缘故,粘度过小流动性好,但不易形成油膜,对机件的润滑不利。粘度过大,流动性差,因不适宜于飞溅润滑,而对压力润滑来说也是不利的,因为供油所需压力升高,这将导致油泵的功耗增大。

5.3.2　空压机的冷却

空压机的冷却应包括气缸冷却、中间冷却及压后冷却。根据冷却介质(如空气或水的不同),又有风冷式冷却和水冷式冷却之分。前者尽管设备简单,但冷却效果不好,故仅用于水源缺少的小型空压机中;后者由于冷却效果好,故普遍采用。

风冷式冷却,一般是利用装在电动机轴伸出端的风扇或压缩机皮带轮的扭曲轮辐的旋转,向压缩机装置进行扇风。由于气缸体上部和气缸盖上都有散热肋片,中间冷却器和压后冷却器的外表均装有鳍片,这就增大了散热面积,能使装置获得较好的冷却效果。二级压缩空压机的正常运转的排气温度,通常不超过200℃,曲轴箱油温不高于70℃。为了获得良好的风冷效果,在使用管理中应注意:

(1) 风扇或皮带轮的转向是固定不变的,所以要防止电动机因电源线接错而反向转动。

(2) 肋片和鳍片除应保证完好无缺外,还应经常保持其表面清洁,严防油污灰尘粘附,更不允许在它们的表面涂上油漆。

5.4　空气压缩机的辅助设备

空气压缩机的辅助设备主要是空气净化设备。

一般空气中都含有程度不同的尘粒和蒸气。两者随同空气经过压缩后,其密度大大增加,而水蒸气当其温度降低时还会凝结成水,致使压缩空气品质变坏,引起机体腐蚀和对机械正常运转产生不良影响;尘粒和其他杂质进入气缸,使运动表面磨损加快,还有可能粘附在气阀的接触面上而使气阀关闭不严。因此,在空压机装置中一般都设有除尘的空气滤清器和除水的气、水分离器。前者装在压缩机吸入管的进口处,后者装在冷却器之后。船用空气滤清器的结构十分简单,故不予叙述,这里仅介绍气、水分离器。

图5-6为最常见的气、水分离器结构图。

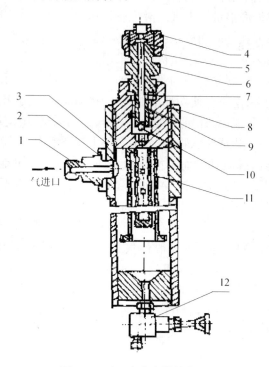

图5-6 气、水分离器结构图

1-螺纹接头;2、5、7、8-垫圈;3-壳体;4-出气管;6-外螺纹接头;
9-限制器;10-球阀;11-芯子;12-压力表阀

它由限制器9,球阀10,芯子11和壳体3等组成。利用它可以清除压缩空气中的润滑油及凝结水珠,故又名气、液分离器。当经过冷却后的压缩空气从接头1进入分离器内时,由于它的过流面积突然变大,其流速便随之急剧下降,这为气、液分离提供了足够的时间。空气在壳体内作曲线运动,比重不同的气、液物质便因流动方向改变而受大小不同的离心力作用,这为气液分离提供了有利条件。居于外层的分离液体(油和水)受重力作用而沉至壳体下部空间,居于内层的分离气体,所受的重力小,并因外层液体的挤压,故能顺利经过芯子11,球阀10和限制器9而向外流,壳体底端设有泄放阀(图中未示出),用以及时排放液体。

使用管理中应注意:

(1)在工作时压力表阀12所接的压力表读数应保持在规定范围内。

(2)放泄阀应及时开启,以防液位过高影响分离效果而使空气品质变坏。

(3)限制器位置要适当,太高时,球阀可能偏离阀座,不能回位,失去止回作用则开启过流断面变小,气流阻力加大。

(4)环境气温低于5℃时,应在停车后随即开启泄放阀,排出全部液体,以免冻结。

5.5 空压机主要机件的检修和安装要求

5.5.1 空压机解体检查时对曲轴的检修和安装要求

(1)曲柄销圆柱度或圆度超过 0.04 mm 时必须修圆。

(2)曲轴颈表面磨损,与滚珠轴承配合松动时,允许光车或镀铁修复(轴颈光车量为 0.60~0.70 mm。

(3)滚珠轴承如有显著磨损松动、裂痕、剥落、咬毛或保持架损坏,应予调换。

(4)曲轴平衡铁螺栓铅封损落,重新进行浇铅前,必须检查内六角螺栓有否松动和旋紧程度,旋紧程度以槽口弹性张开,扳手自动打滑为准。

(5)曲轴上的皮带轮若换新,须作静平衡试验。

5.5.2 活塞连杆组的检修和安装要求

(1)活塞环超越正常间隙或折损拉毛情况,应予换新。

(2)活塞销磨损超过 0.08 mm,应予换新。

(3)曲柄销轴承间隙超越正常值,在无调整垫片时,须浇铅光车,连杆大小端轴孔中心线必须在同一平面内严格平行,其偏差在 100 mm 长度内均不得超过 0.03 mm,左右方向不得大于 0.05 mm。

(4)连杆螺栓如有放弯或滑牙等情况,必须换新。

(5)连杆必须固紧活塞销,不允许有松动现象。

(6)活塞有严重拉毛裂损或裙部的椭圆度、圆柱度大于 0.08 mm 均应换新。

5.5.3 气缸盖的检修和安装要求

(1)阀片折裂、腐蚀或磨损肩胛超过 0.02 mm 以上应予换新,阀片无明显磨损或变形,可研磨修复继续使用,领用新阀片亦需研磨后才能使用。

(2)吸入阀、输出阀弹簧如有折断腐蚀,或弹力不足、长度变形等情况,应予换新。

(3)吸入阀、输出阀座无明显或腐蚀可研磨后使用,否则应光车后再研磨,光车量积累起来超过 1 mm 以上,即须换新,闭合面光车时内圈透气环面及外圈槽均相应光车,保证原始相对尺寸。

(4)阀座与气缸盖座孔平面密封性不良时,应予光车,或加薄紫铜垫。

(5)配置气缸盖与机身间的纸柏垫片时,应注意保证余隙高度在 0.5~1.0 mm 范围内,最佳为 0.7 mm。

(6)安全阀修复后应进行压力校验,在空气压力达到 1.1 倍工作压力时应能立即跳开,少于此压力时不得漏气。

(7)自动控制阀修复后,应进行压力校验,当气压 3 MPa 时应能开启,在此压力以下不得漏气,控制阀升程为 0.5 mm。

5.5.4 机身检修的技术要求

当高压缸气缸圆度大于 0.08 mm、圆柱度大于 0.02 mm、缸壁明显拉毛以及低压缸气缸圆度大于 0.10 mm、圆柱度大于 0.20 mm、缸壁明显拉毛时,可以搪缸换活塞。

第 6 章　船用油水分离器

6.1　油水分离的基本方法与原理

船舶排向水域的含油污水、生活污水和固体废物(垃圾)将造成水域的污染。水域的污染将带来如下的危害性:

(1)对各水域鱼类、贝类、浮游生物及水生植物造成伤害、甚至致死。

(2)水质腐败影响卫生状况。人类食用被污染的水产品或水会影响身体健康、严重的甚至死亡。

(3)破坏港区、海滨环境卫生,污损其他设施。

(4)大面积油污会对海域或港口的交通造成影响。

现代渔船对含油污水与生活污水的处理及排放都有一定的要求。油水分离的基本方法与原理介绍如下。

含油污水的处理方法按其工作原理可分为物理法、化学和生物法。其中物理法在船舶上得到广泛的应用,其处理的方法通常有以下几种:

(1)重力分离。它是利用油和水的重度差进行分离。

1)静置分离——将含油污水贮于舱(柜)内,借助重度差使油自然上浮至液面以实现油水分离。此种方法需要较长的和较大的舱室,而且难于连续使用。

2)机械分离——在油水分离器的内部布置着特殊形状的档板或管子。使含油污水作螺旋流动或曲折流动,使微小油粒有比较充分的碰撞机会和时间,以便结集成大油滴而上浮。

重力分离只能分离自由状态的油,而不能分离乳化状态的油。

(2)过滤分离。它是让含油污水通过具有一定厚度的多孔性过滤元件,其中的油粒被挡住,使之互相碰撞接触变成大油滴而上浮。过滤材料一般为砂、卵石、微孔塑料管、合成纤维、泡沫、海绵及烧结状树脂等。

(3)吸附分离。吸附式分离是利用多孔性的固定吸附材料直接吸附含油污水中的油粒,从而达到油水分离的目的。

(4)超声波分离。它是对含油污水发射超声波,引起油粒振动而互相碰撞,从而聚合成较大的油滴而上浮,此法装置价格颇高。

(5)电气分离。它是将乳化状态的含油污水引进装有电的舱(柜)中,使油粒失去电荷而产生往复运动,互相接触聚合成大油滴上浮。

用物理方法处理含油污水,其结构简单、工作可靠,不会造成对水体的二次污染。故目前大都采用物理分离法,且渔船上对舱底水的处理主要是采用机械分离法及过滤分离法或为二者的综合应用。

6.2　船用油水分离器的工作原理

　　船用油水分离器用以对机舱、货舱舱底水、压载水、洗舱水等进行净化处理,使之符合国际和国内关于防止船舶污染海洋的规定和公约中对于排放水中含油量的要求。即要求在 12 n mile 以外排放时,排放水中的含油量不得超过 $100×10^{-6}$。12 n mile 以内排放时不得超过 $15×10^{-6}$。船用油水分离器的分离效果应能达到这一要求。

6.2.1　CYF 型船用油水分离器

　　它的分离流程原理图如图 6-1 所示。这种分离器的下部设有板式聚合器 4,它由若干片波形板和平板组成,形成许多个连续的半圆形流道。上部设有两级粗粒化元件 14,它是由人造纤维构成的多孔物质。分离器的底部设有专用的输水泵。含油污水由专用泵输送至分离器的进水接管 6,经扩散喷嘴喷入分离器内。含油污水进入分离器后,由于流速突然降低,污水中大颗粒油粒便与水分离,上浮至左集油室 9 中。含有小颗粒油粒的污水向下流入板式聚合器 4。污水中的细小油粒在流过聚合板构成的半圆形流道时,由于不断碰撞、聚合,形成较大颗粒的油粒,在流出聚合器末端后与水分离,上浮至右集油室 13 中。含油污水再流经细滤器 16,滤除水中的固体杂质,通过外接管而进入上部细分离室。水在流经两级粗粒化元件 14 时,

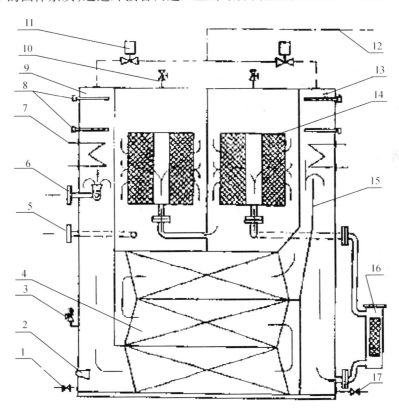

图 6-1　CYF 型油水分离器原理图

1-泄放阀;2-蒸汽冲洗喷嘴;3-安全阀;4-多层波纹板组;5-清水排放口;6-油污水进口;7-加热器;8-油位检测器;9-集油室;10-精分离排油阀;11-自动排油阀;12-污油排油管;13-集油室(右);14-粗粒化元件;15-隔板;16-细滤器;17-泄放阀

水中细微的油粒产生惯性冲撞而被截留和附着在多孔介质上。截留和附着不断发生,多孔介质上的油粒逐渐集聚、增大,最后被水流推动脱离多孔介质,上浮至分离室的顶部。

左、右集油室中各装有油位检测器 8。油位检测器为上、下限油位继电器。当被分离出的油积到一定量时,通过控制箱使自动排油电磁阀 11 开启,利用油水分离器内部液体的压力排出污油。当油位排至上限时,排油电磁阀又自行关闭。为了缩短排油时间,自动排油阀开启时,排水阀自动关闭,以保持分离器的内部压力。集油室中设有电加热器 7,寒冷季节或油的粘度较高时,可将含油污水加热,以利于油、水分离和排油。细分离室中的油量不多,可用手动排油阀 10 排油。

CYF 型油水分离器处理过的排放水,含油量可降至 15×10^{-6} 以下,能满足在 12 n mile 以内排放船舱水的要求。

国产 CYF 型油水分离器品种有 $0.05\ m^3/h;0.1\ m^3/h;0.25\ m^3/h;0.5\ m^3/h;1\ m^3/h;2\ m^3/h;3\ m^3/h;5\ m^3/h$ 等不同规格,能满足不同吨位船舶使用要求。其技术参数见表 6-1、6-2。

表 6-1 CYF0.05-0.25 技术参数

型　号	CYF0.05 m^3/h	CYF0.1 m^3/h	CYF0.25 m^3/h
处理能力	0.05 m^3/h	0.1 m^3/h	0.25 m^3/h
排放标准	<15 mg/L	<15 mg/L	<15 mg/L
工作压力(MPa)	<0.15	<0.2	<0.2
专用泵	DZ-50 电动泵手摇泵	DZ-100	DZ-250
排油控制方式	手　动	自动或手动	
电器控制箱电源	AC 380 V 50 Hz		
外型尺寸(mm)	470×320×760	889×417×663	1 100×417×873
重　量(kg)	37	125	170

表 6-2 CYF-B 系列技术参数

型　号	CYF-0.5B	CYF-1B	CYF-2B	CYF-3B	CYF-5B
处理能力	0.5 m^3/h	1.0 m^3/h	2.0 m^3/h	3.0 m^3/h	5.0 m^3/h
排放标准(mg/L)	<15	<15	<15	<15	<15
工作压力(MPa)	<0.25	<0.25	<0.25	<0.25	<0.25
专用泵和电机(kW)	0.37	0.55	电动往复泵 0.8	1.1	1.1
排油控制方式	自动和手动				
集油室加热方式	电加热或蒸汽加热				
电器控制箱电源	AC 380 V 50 Hz				
外型尺寸(mm)	1 250×520×1 720	1 300×620×1 460	1 400×700×1 750	1 530×850×1 940	1 870×960×2 230
重量(kg)	350	500	800	1 000	1 300

6.2.2　YSC 型船用油水分离器

这种油水分离器主要利用粗粒化元件,通过过滤,使油粒聚合、上浮,与水分离。如图 6-2 所示,它由三级滤器组成。第一级滤器 5 的下部过滤材料为砂,上部为聚氯乙烯合成纤维。第二、第三级滤器 8 和 9 的材料均为聚氯乙烯合成纤维。

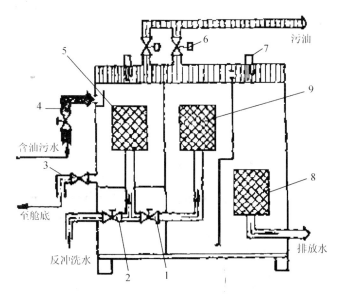

图 6 - 2　YSC 型油水分离器

1、2、3、4 - 截止阀；5、8、9 - 过滤器；6 - 电磁阀；7 - 液位电极

含油污水由电动柱塞泵输入第一级分离筒的上部,利用油和水的密度差,粗大油粒首先上浮分离,聚集至顶部集油腔中。含油污水则自外向里流入第一级聚合芯 5(过滤器)。油粒经聚合上浮至分离筒的顶部。然后流经第二级、第三级聚合芯 9 和 8,进一步截留细小的油粒,聚合成大颗粒油粒后上浮至顶部集油腔中。当油层达到一定厚度时,液位电极 7 发出信号,激发电磁阀 6 开启,自动排油。当集油腔中油层厚度减少到一定值时,液位电极又促使电磁阀自动关闭,停止排油。经过处理后的水则由第三级分离筒的下部排出。排水中的含油量可低于 10×10^{-6}。

该型油水分离器还配有反冲冲洗系统。经过较长使用后,第一级聚合滤芯可能被阻塞,可以关闭阀门 1、4,打开阀门 2、3,进行反冲洗。冲洗完毕后,打开阀门 1、4,关闭阀门 2、3,即可投入正常处理工作。

这两种油水分离器均设有污油自动排放装置,使用方便可靠。其原理如图 6 - 3、6 - 4所示。

经舱底油污水分离装置分离上浮到左集油室的污油,根据一定的油位讯号通过自动排放装置向污油柜排油,以保证油水分离器正常运行。油位讯号是利用油和水的电导率的差异而取得的。布置在集油室的液位讯号器,将感受的这个差异讯号送至控制单元——自动排油控制箱,操纵电磁阀的启、闭动作。当电磁阀开启时,达到自动排油的目的,电磁门关闭时,排油停止。当集油室油水界面呈 A 状态时开始排油红色指示灯亮。随着油的排出,油水界面上升,排油停止,是由排油控制箱中液位继电器控制,当油面呈 B 状态时,排油自动中止红色指示灯关闭。直至油水界面再次呈图 A 状态时,重新排油。如此实现自动间歇排放,保证油水界面在给定的范围内变化。

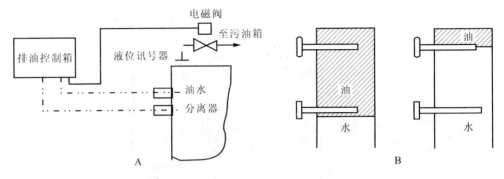

图6-3　集油室污油自动排放装置示意图　　　　图6-4　集油室油水界面状态图

6.3　油水分离器的安装要求

　　油水分离器的安装位置,必须满足在任何情况下都不会产生虹吸作用的要求,以使处于停用状态的油水分离器内部的水面不至于下落和失水,保证顺利启动和正常运行。一般来说应注意下列各点:

　　(1) 油水分离器应装于船舶中部,以减少摇摆对其工作的影响。在安装高度上,应保证在任何情况下都不会出现虹吸现象,因此,在排出水管路上应装设压力调节阀。

　　(2) 在渔船上,有的将本船的舱底泵用作油水分离器的输水泵,若泵的流量超过油水分离器的容量时,在分离器进水管路上应设有带调节阀门的旁通管路。当分离器内的水位达到危险水位或排放水中的含油量超过规定要求时,可将旁通调节阀门打开,减少进入分离器内的含油污水量,确保油水分离器能正常可靠地工作。

　　(3) 为了防止含油污水中的杂质损坏泵与堵塞聚合滤芯,在泵前必须装有过滤器。

　　(4) 在排出水管上应装有止回阀以防海水倒灌。安装完毕试车时应首先向分离器内注满清水,然后才能引入含油污水而投入工作。

第 7 章　辅助锅炉及受压容器

7.1　概述

7.1.1　渔船锅炉及受压容器的种类

7.1.1.1　渔船辅助锅炉和废气锅炉

为船舶主推进装置(蒸汽机、汽轮机)提供蒸汽的锅炉称为主锅炉。因为机动渔船几乎全部采用内燃机动力装置,所以渔船用锅炉均属于辅助锅炉。

辅助锅炉的用途:一是为船员生活提供热源(如蒸饭、取暖、供应热水等);二是用来加热重柴油,改善其流动性和雾化性能,提高柴油机工作可靠性和经济性;三是为捕捞加工船上的水产品加工提供蒸汽。

在柴油机排气管上装置的、利用柴油机排气余热产生蒸汽的锅炉称为废气锅炉。目前,中小型渔船设置辅助锅炉的甚少。利用废气锅炉既能提供所需的蒸汽,又能回收柴油机高温废气的部分余热,有明显的节能效果。

7.1.1.2　辅助锅炉的分类和特性指标

(1) 锅炉的分类:

1) 按锅炉产生的压力分类:通常,锅炉按其产生的蒸汽压力分为:低压锅炉(1.6 MPa 以下)、中压锅炉(1.6～3.2 MPa)和高压锅炉(3.2 MPa 以上)三种。

渔船建造规范对焊接结构的锅炉,按其设计压力分为二级:I 级,设计压力 $P > 0.34$ MPa; II 级,设计压力 $P < 0.34$ MPa。

根据渔船的实际,渔船建造规范只对设计压力小于 0.78 MPa 的低压辅助锅炉作出规定。

2) 按锅炉的受热方式分类:

火管锅炉——燃料燃烧的火焰和高温烟气从管内通过,用以加热管外水产生蒸汽的锅炉。

水管锅炉——燃料燃烧的火焰和高温烟气从管外通过,用以加热管内水产生蒸汽的锅炉。

由于渔船对锅炉给水的水质处理条件较差,水管锅炉水垢清理困难,故渔船辅助锅炉采用火管锅炉比较普遍。

3) 按管子布置的形式分类:按管子布置的形式可分为立式锅炉和卧式锅炉。

(2) 锅炉主要特性指标:

1) 蒸发量(蒸汽产量):锅炉的蒸发量是指锅炉在 1 h 内产生的蒸汽量,以吨每小时或千克每小时为单位。

2) 蒸汽参数:表征蒸汽品质的参数为压力 P(MPa)和温度 t(℃)。

3) 锅炉效率:锅炉效率是指锅炉有效利用热量与燃料在炉膛中完全燃烧时放出热量之比。它表征锅炉的经济性。

7.1.1.3　受压容器的种类

渔船建造规范把受压容器按其设计压力 P(MPa)、筒体壁厚 δ(mm)和筒体壁温 t(℃)

分为三级,作为强度设计、选材、制订焊接工艺的依据。

渔船上常用的受压容器主要有船用气瓶和蓄能器。

(1) 船用气瓶:渔船上船用气瓶以低压空气瓶($P<3$ MPa)为多数,它们用以储存压缩空气,用来起动主辅柴油机、鸣笛、吹洗等用途。

设有二氧化碳灭火系统的渔船有储存二氧化碳的气瓶;某些渔业辅助船还有焊接修理用的氧气瓶。这类气瓶均为高压气瓶,中小型渔船极少使用,故以后不再介绍。

(2) 蓄能器:蓄能器又称贮压器。它在液压系统中是储存液压能、吸收冲击并消除油泵脉动的一种辅助装置。渔船上使用液压舵机比较普遍,所以多设置液压舵机蓄能器。

7.1.2　锅炉、受压容器附件和附属装置

7.1.2.1　锅炉附件

辅助锅炉和废气锅炉要承受蒸汽压力和高温。为保证其安全运行,需相应设置必要的附件。有些中小型渔船利用结构简单的排气管或消音器的夹层水套作为产生蒸汽的热交换器,以代替辅助锅炉,工作压力虽不高(只有 $0.1\sim0.2$ MPa),但若忽视了附件的作用,也会产生严重事故。

(1) 安全阀:锅炉安全阀是防止蒸汽压力超过锅炉设计压力,保证锅炉安全运行的附件。所有辅助锅炉、废气锅炉均需设安全阀,并经验船师检验调定后铅封。

非经验船师许可,船上人员不得变动调节压力。

渔船锅炉安全阀通常为弹簧式安全阀。在应急情况下,安全阀应能由人力从机舱或船员易于到达的部位开启,因此《规范》规定安全阀应装有手动开启装置。

(2) 水位表:水位表是指示锅炉水位高低的仪表。

辅助锅炉的水位标志分为最高水位、最低水位和危险水位。锅炉运行中,容许在最高水位和最低水位之间波动。低于最低水位称为失水。失水会造成锅炉受热面过热,严重时会烧塌破裂,引起锅炉爆炸。高于最高水位称为满水。满水会造成容器的空间减小,影响供汽,导致大量炉水跑到蒸汽管路,损坏管道或部件。因此,每台锅炉至少设一只准确可靠的水位表,旁边设一套(至少 2 只)水位旋塞。当水位表损坏时,可开启水位旋塞,根据其放出的是水还是蒸汽来判断炉内水位高低。

渔船辅助锅炉、废气锅炉多采用有防护装置的玻璃管式水位表。自动化锅炉即使装有液位继电器,水位表也不能免设。

(3) 压力表:压力表是指示锅炉蒸汽压力的仪表。

每台锅炉至少有 1 只压力表,并以红线标出该锅炉的工作压力。压力表的量程应大于锅炉水压试验的压力。

(4) 排污阀:在锅炉的容水空间最低和最高部位各设 1 只排污阀。下排污阀用以排除炉水中的沉淀物,上排污阀用以排除炉水中的悬浮物。

(5) 空气阀(旋塞):锅炉空气阀(旋塞)安装在锅炉最高处。当锅炉充水、升气及进行水压试验时,开启空气阀(旋塞)用来排除炉内空气。锅炉熄火放水时,开启空气阀(旋塞)使空气进入炉内,使之与外界压力平衡,以便将炉水放尽。

7.1.2.2　锅炉的附属装置

(1) 给水设备:辅助锅炉充水一般用射水器或离心式水泵。

射水器又称蒸汽射水器,它是靠高速流动蒸汽的节流作用将水带入锅炉。射水器结构简

单,工作可靠,通常用在设计压力小于 0.78 MPa、自动化程度不高的辅助锅炉。

锅炉给水要求压力较高时,一般选用多级离心式水泵或往复泵。

(2) 通风设备:锅炉通风方法有自然通风和机械通风两种。自然通风是利用烟囱所产生的抽力来克服烟道、风道的阻力而达到通风的目的。机械通风使用的设备又可分抽风机和送风机。机械通风有可调节的优点,便于自动控制。

(3) 燃烧设备:以煤为燃料的辅助锅炉多为人工操作,燃烧设备比较简单。

燃油锅炉为保证良好燃烧,需设有燃油系统、点火装置、喷油器(雾化器)和配风机。

废气锅炉无燃烧设备。

7.1.2.3　受压容器的附件

(1) 压力表:为显示受压容器内介质压力的大小,每个受压容器至少要装 1 只灵敏可靠的压力表。

选用压力表需根据受压容器的压力变化范围,使测量的最小压力不小于压力表标度量程的 1/3,测量的最大压力不大于标度量程的 2/3。

(2) 安全阀:安全阀是控制受压容器在安全工作压力下工作的保护装置。

空气瓶如在进气管或在空压机上装有安全阀并在充气时能防止空气瓶内压力超过设计压力,可不装安全阀,但还应装易溶塞。装易溶塞是为了机舱失火时,通过易溶塞放出瓶内空气,防止气瓶爆炸。所以易溶塞熔点约为 100℃ ,易溶塞尺寸应保证在机舱失火时能有效地放出空气。

(3) 泄放阀(旋塞):用来泄放容器内残余介质或残水(空气瓶)。

7.2　辅助锅炉和给水系统的安装要求

(1) 每台蒸汽锅炉至少应装有 2 只足够排量的安全阀。小型辅助锅炉上可仅装 1 只安全阀。

(2) 对于无人监控的每台燃油锅炉,应有低水位、空气供给发生故障或火焰熄灭时能停止燃油供应和发出报警的安全装置。

(3) 燃油锅炉的燃烧器的布置应使燃烧器的燃油供油未被切断前,燃烧器不能抽出。

(4) 应有可靠的止回装置,以防止在切断燃油器的供油后,燃油从回油系统流至燃烧器。

(5) 燃油、废气两用的炉膛,其废气进口管应设有隔离和连锁装置,使在切断废气进口后才能供燃油至燃烧器。

(6) 对船舶安全所必需的,并设计有特定水位的每台锅炉,至少应设有 2 套指示水位的装置。其中至少有 1 套使直接读数的玻璃水位表。

(7) 重要用途的辅助锅炉或供重油加热用蒸汽的辅助锅炉可仅设 1 套包括给水泵在内的独立给水系统,但应备有 1 台便于安装和连接的给水泵。

对于 45 m 以下的渔业船舶,上述辅助锅炉的给水系统可仅设 1 台给水泵。

(8) 给水泵系应有适当布置,尽可能地阻止对锅炉产生不利影响的油或其他污物进入锅炉。

第 8 章　冷藏及速冻装置

8.1　概述

8.1.1　渔船渔获物的保鲜

渔获物是由蛋白质、脂肪和碳水化合物等有机物质所组成。在常温下,它们为霉菌、细菌等微生物的繁殖提供了有利条件,造成有机物质的分解而导致腐败变质。而在低温条件下,能大大抑制微生物的繁殖,可以延缓和防止渔获物的腐败,保持其原有组织和营养价值,所以,现在渔船渔获物的保鲜方法主要是低温冷藏和冻结。

(1) 冰鲜:渔船带冰出海,生产过程中将渔获物与冰分层放在鱼箱中,靠冰溶化吸收热量来降低渔获物温度。冰鲜鱼舱的温度应在 −1～3℃ 之间。用冰保鲜,投资省、操作简便,鱼货保持原有风味。在作业天数不长,严格遵守冰鲜保鲜期(5～7 d)的情况下,冰鲜是一种行之有效的保鲜方法。

为保持冰鲜鱼舱冷却温度,在鱼舱中有部分冰鲜鱼舱采用盘管保冷。

(2) 微冻保鲜:微冻保鲜是用冰盐混合物、冷却盐水、风冷或盘管等方式,将捕捞上来的鱼货冷却至 −3℃±1℃,并在该温度下在鱼舱中存放。这种保鲜方法,鱼体有部分冻结故称微冻,它比冰鲜抑制腐败细菌繁殖的能力更强,所以保鲜时间可达 20～27 d。

(3) 冻结冷藏保鲜:渔获物冻结冷藏保鲜是将鱼货降温至 −18℃ 或更低,使鱼货基本上完全冻结,然后在该温度下于鱼舱中冷藏。采用这种方法,可使微生物几乎完全停止繁殖,故保鲜效果好。此外,由于冷冻时鱼货中积蓄大量的能量,当外界温度波动甚至在装卸过程中,鱼货仍保持冻结状态。

鱼货冻结速度的快慢,对其鲜味和营养价值有极大影响。为保证鱼货鲜度,船上鱼货冻结采用速冻装置,即在较短时间内使鱼货冻结,常用的冻结方式有吹风冻结和接触式平板冻结。吹风冻结国外渔船多采用隧道式。它的优点是适应性大,能冻结大型鱼类及不规则鱼货,一次冻结量大。缺点是投资大,与接触式冻结相比,制冷功率大 20%～25%,且占用舱室面积大,冻结速度也较慢。接触式平板冻结有立式与卧式平板冻结两种。国内渔船多采用卧式平板冻结,平板材料为铝合金。当鱼货与平板充分接触时,它有冷耗低,占地面积小、干耗小等优点,所以适应装盘的鱼片、鱼糜和小型鱼类的冻结。冻结后的鱼货放在 −18℃ 的冷藏舱中。冻结冷藏的鱼货可保存几个月而不影响质量。

8.1.2　制冷方法和制冷装置的基本组成

(1) 制冷方法:所谓制冷,是指从被冷对象中移出热量,使其建立一相对的低温状态。

渔船上实际应用的制冷方法有:利用现成冷体(如人造冰)来制冷和机械制冷两类。机械制冷又以压缩制冷应用最为广泛。

(2) 压缩制冷装置的基本组成:压缩制冷装置的基本组成参见图 8−1。

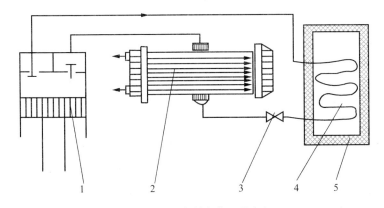

图 8 - 1　压缩制冷装置基本组

1-压缩机;2-冷凝器;3-节流阀;4-蒸发器;5-冷藏舱

制冷压缩机从蒸发器(图示为盘管)中把气态制冷剂抽出,经压缩后送冷凝器冷却液化,液化制冷剂通过节流阀的控制进入冷藏舱的盘管。由于节流降压的结果,制冷剂在较低的压力下蒸发气化,吸收大量的气化潜热,从而使冷藏舱(或速冻装置)温度降低,达到制冷的目的。

因此,制冷压缩机、冷凝器、节流阀(膨胀阀)、蒸发器是使制冷剂液化、气化吸热、重新液化所必不可少的机械设备。

(3) 冷却系统:

1) 直接冷却系统:图 8 - 1 中,制冷剂的蒸发盘管是直接装在冷藏舱中,或者平板冻结机的平板板孔直接作为蒸发器,这样的冷却系统为直接冷却系统。

2) 盐水冷却系统:冷藏舱的降温还可以通过盐水(氯化钠或氯化钙)冷却系统来实现。这时蒸发器只起中间换热器的作用。在蒸发器中被冷却了的盐水由盐水泵抽到冷藏舱的盘管中,当盐水在冷藏中吸热后,返回蒸发器再度为制冷剂冷却。

3) 空气冷却系统:不少渔船的冷藏舱采用空气冷却系统,这种冷却系统是用通风机所产生的压力,使空气是通过蒸发器降低温度,然后经送风系统送入冷藏舱中。

8.1.3　制冷剂

(1) 制冷剂性能的一般要求:制冷剂为制冷装置循环的工质,通常是容易液化的气体。在制冷循环中,依靠气液状态的变化,它能在低温处吸收热量,并将热量在高温处放出。理想的制冷剂应具有如下的性能:

物理性能——在大气压力下蒸发温度要低;冷凝压力低,常温的水和空气不能使之液化;临界温度高;冷凝温度低;汽化潜热大;气态的比容小。

化学性能——化学稳定性好,使用中不分解、变质;制冷剂本身或与滑油、水相混时,不腐蚀金属,不溶解填料;传热性好;粘度和流动阻力小;无毒性、恶臭和刺激性;不燃烧和爆炸;泄漏时易发现。

另外,制冷剂应容易买到,且价格低廉。当然,一般使用的制冷剂能满足上述大部分性能就可以了。

(2) 渔船上使用的制冷剂:制冷剂在船上使用情况各国均有差异。

我国渔船规范推荐使用 R717(氨 NH_3)、R12(二氯二氟甲烷 CCl_2F_2)、R22(一氯二氟甲烷

CHClF$_2$)、R502(为 R$_{22}$/R$_{115}$ 的共沸混合物,重量混合比例为 48.8%:51.2%)。实际使用较多的是 R12、R22 和 R717。

1) 制冷剂符号的含意:R 为英文 Refrigerant(制冷)的第一个字母。对甲烷基(CH$_4$)制冷剂,其代号 R 之后跟两个数字,如 R12 及 R22 等。其第一位数字表示制冷剂分子式中氢原子数加 1;第二位数字表示分子式中氟原子数。

如 R   12(分子式为 CCl$_2$F$_2$)

                        分子式中有 2 个氟原子

                        分子式中没有氢原子,故 0 + 1 = 1

R 之后三位数字,其第一位数字为 5 时,表示此制冷剂为共沸混合物;第一位数字为 7 时,表示此制冷剂为无机化合物。

常用制冷剂的主要特性见表 8 - 1。

表 8 - 1   常用制冷剂主要特性

序号	制 冷 剂		R717	R12	R22	R502
1	分子式 分子量		NH$_3$ 17.03	CCl$_2$F$_2$ 120.9	CHClF$_2$ 86.5	R22 + R115 111.64
2	正常蒸发温度	(℃)	- 333.3	- 29.8	- 40.8	- 45.6
3	凝固温度	(℃)	- 77.7	- 155.2	- 160	
4	临界温度	(℃)	132.4	111.5	96	90.2
5	临界压力(绝对)	(MPa)	11.65	4.09	5.03	4.36
6	- 15℃时蒸发压力 P$_0$(绝对)	(MPa)	0.241	0.186	0.302 5	0.357
7	30℃时冷凝压力 P$_k$(绝对)	(MPa)	1.19	0.759	1.227	1.335
8	P$_k$/P$_0$		4.94	4.08	4.06	
9	- 15℃时汽化潜热	(kJ/kg)	1 317	142	217.8	
10	标准工况下汽化潜热	(kJ/kg)	1 129	128.0	193.8	
11	0℃时的绝热指数 K = C$_p$/C$_v$		1.312	1.148	1.19	
12	- 15℃蒸汽比容 V	(m^3/kg)	0.509	0.092 7	0.078	
13	25℃饱和液体比容 V′	(l/kg)	1.66	0.764	0.838	
14	标准工况下压缩机排气温度	(℃)	98	10.8	55	
15	每 1 000 kcal/h 压缩机理论排气容积	(m^3/h)	1.89	3.25	1.95	
16	每 1 000 kcal/h 时的压缩机理论功率	(kW/h)	0.246	0.249	0.251	
17	制冷系数 ε		4.8	4.7	4.87	
18	可燃性		有	无	无	
19	使用温度范围	(℃)	10~ - 60	10~ - 60	10~ - 60	
20	适用于压缩机型式		活塞式	活塞式	活塞式	

2) 设计压力:相应于每一种制冷剂的设计压力,是以最高环境温度为基础而定的。我国渔船冷藏装置(由水冷却)所采用的最小设计压力是取在 46℃ 温度下制冷剂的饱和蒸汽压力(详见《规范》)。其他国家规范因基础环境温度要求不同,故设计压力的规定也有区别。

3) 制冷剂泄漏检查方法:

①氟利昂制冷剂泄漏:氟利昂检漏灯查漏,适用于所有氟利昂制冷剂。当空气中存在漏出

的氟利昂时,此灯的火焰由浅蓝色变为绿色、深绿色,甚至紫色。颜色越深,泄漏量越大。

②氨泄漏:硫磺烛或二氧化硫烟雾罐检漏,如空气中有氨气,会产生白烟(硫酸铵);盐酸具有与硫磺烛相类似的作用,它碰到氨会产生氯化铵白烟;湿的石蕊试纸碰到氨会由红变兰,湿的酚酞试纸碰到氨会显鲜红色,故也可检查氨的泄漏。

③所有制冷剂均可用肥皂泡来检查泄漏,此法使用方便,只是查找氨的微漏时肥皂泡不明显。

④制冷剂混入油、水、空气后的影响:制冷剂中混入油类会降低各热交换器的传热效率,尤其在低温时影响更为明显。《规范》规定,每一制冷压缩机的排出管路上,应装设油分离器,以去除制冷剂中的油分。对氨制冷剂,因其与油不会融合,故应在每一制冷剂容器底部安装排放油分的泄油管。

制冷剂中带有游离水分,会在低温区域造成"冰塞";有些制冷剂与水化合后,还会腐蚀金属,影响设备的寿命。要从系统中清除水分,一般是通过液体管路上膨胀阀前的干燥器进行。干燥器中装有能吸收水分的干燥剂。为了防止冷冻系统产生冰塞,在制冷装置建造或修理完工后应排除管路中的水分。

制冷管系中存在空气和不凝性气体会对系统运行效率产生不利的影响,这些气体聚集在冷凝器中将会加大冷凝压力,并使冷凝循环冷却水的进口温度和冷凝温度之间出现较大的温差(此温差在正常情况下不应超过 6.5~7.25℃)。清除系统中不凝性气体,一般是将贮液器的排出阀关闭,并使制冷剂气体压入冷凝器和贮液器中,直至压缩机吸气压力等于或稍高于大气压力。冷凝器冷却水保持循环,关掉冷凝器的进气口,过一些时间之后冷凝器循环冷却水的进出口温度与冷凝器制冷剂所示的温度应该相同,如不相同则说明其中存在不凝性气体。此时,即可在冷凝器的放气处予以排除,直到无温差为止。为防止制冷剂排出,排放时可用卤素灯或其他检漏法进行检测,以便有制冷剂排出时能迅速发现。

⑤对氯氟烃(CFCs)制冷剂使用的限制:因为氯氟烃(也称氟利昂)制冷剂在制冷效果等方面性能较好,所以目前船上制冷装置几乎都采用它作制冷剂。但是近年来,气象和环境科学家研究了地球高空臭氧层减薄和形成空洞的现象以及地面的温室效应,认为这可能是由于受到氯氟烃大量使用影响所致。为此,联合国环境计划署颁布于 1989 年 1 月 1 日生效的蒙特利尔议定书,要求在 2000 年底完全结束氯氟烃的使用。

国际渔船安全公约 1993 年议定书规定,氯甲烷或消耗臭氧能力高于 R11 5% 的氯氟烃化合物不应用作制冷剂,所以渔船氯氟烃制冷剂替代产品的使用应引起重视。

8.2 制冷压缩机及附属设备

8.2.1 制冷压缩机

渔船制冷装置中,主要机械为制冷压缩机。目前渔船使用的多为活塞式压缩机,少数冷藏运输船(如 8651 型)使用螺杆式压缩机。

国产活塞式制冷压缩机,气缸直径分别为 50、70、100、125、170 五种基本系列。其中 50、70、100 三种系列可做成半封闭式;100、125、170 三种系列有单级压缩和双级压缩变型产品。一般产品型号表示方法如下:

对半封闭式压缩机,在最后应再加一个字母 B 来表示半封闭式。

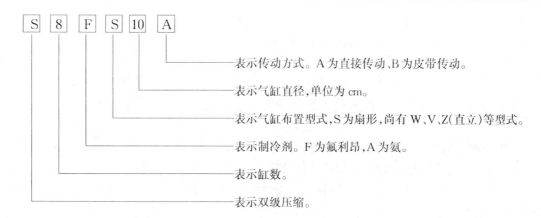

S 8 F S 10 A

表示传动方式。A 为直接传动、B 为皮带传动。

表示气缸直径,单位为 cm。

表示气缸布置型式,S 为扇形,尚有 W、V、Z(直立)等型式。

表示制冷剂。F 为氟利昂,A 为氨。

表示缸数。

表示双级压缩。

8.2.2 受压容器

制冷剂从压缩机排出后,要经过一系列的压力容器。主要有以下几种。

(1)中间冷却器:双级压缩的压缩机。从低压缸出来的制冷剂气体通过中间冷却器降温后再到高压缸,以提高装置的效率。中间冷却器的冷却过程,通常是引入一定量的制冷剂液体,在冷却器中膨胀气化以冷却低压缸来的制冷剂气体。

(2)油分离器:油分离器的作用是将制冷剂中的油分离出来并使之流回到压缩机的滑油系统中去,以免污染各热交换器的内表面。油分离器要求安装在压缩机的排气一侧。其工作原理是靠制冷剂气体通过一系列的挡板和滤网使油气分离。

(3)冷凝器:渔船用冷凝器一般为壳管式冷凝器。其作用是将制冷压缩机排出的高温高压气体经冷凝变为液体。

在 R717 系统中,管子和管板均由钢制造,而 R12、R22 系统则常用铝青铜材料。储水空间和端盖常采用铸铁或低碳钢制造。

(4)贮液器:贮液器的作用是储存液态制冷剂。其容量应能容纳制冷循环系统中的全部制冷剂,以便制冷装置修理时,能将系统内的制冷剂抽出并存放在贮液器内。

贮液器有单独设置的,也有以液囊形式与冷凝器结合在一起的。贮液器的液位计最好用平板玻璃型的,如采用管状玻璃液位计,应装设自闭阀。

(5)干燥器(过滤器):《规范》规定,氟利昂制冷剂系统中都应装设干燥器,用以去除制冷剂中的水分。干燥器内的干燥剂可以更换,所以干燥器的布置应能旁通并切断,以保证在拆检和交换干燥剂时不妨碍系统的运行。另外,制冷剂经充分干燥后可将干燥器旁通,以减少流通阻力。干燥剂一般为硅胶、硫酸钙、硫酸钠或硅酸铝钙等。

干燥器安装位置为膨胀阀前的液管上。

另外《规范》还规定,在压缩机的吸入管路上和膨胀阀前的制冷剂液管上通常装设具有足够流通面积且便于拆装的过滤器。

制冷系统所有压力容器的设计、制造应符合《规范》的有关要求。

所有充贮制冷剂液体的压力容器,都要安装安全装置(干燥器、过滤器除外)。为防止泄漏,安全装置应由串接的安全膜片和安全阀组成。从安全装置释放的制冷剂应引至安全处所,或甲板以上。制冷系统的安全阀一般只进行外规检查,不应提出在船上作实地调试的要求。

8.2.3　热力膨胀阀

热力膨胀阀除起到对制冷剂进行节流降压降温作用外,还可自动调节进入蒸发器的制冷剂流量。所以热力膨胀阀也是以制冷剂蒸气在蒸发器出口处的过热度为信号来自动调节制冷剂流量的自动化元件。

热力膨胀阀的控制是由一个安装在蒸发器出口处的制冷剂管路上的感温包进行的。感温包工作状态的好坏,对热力膨胀阀的工作有决定性的影响。因此,感温包必须紧贴在蒸发器出口的管子外壁正上方,二者接触部位不应有油漆、铁锈等影响传热的杂质,以便正确反映蒸发管内制冷剂的温度。在工作中对感温包、传导管要加以保护。

8.2.4　冷却设备

(1) 冷却管排:冷藏鱼舱冷却管排,可采用制冷剂冷却或盐水循环冷却。若采用盐水循环时,《规范》规定,每一冷藏鱼舱的盐水管排应做成不少于两个分段,每个分段管路的串联长度建议不大于 400 m。有材料介绍,小于 300 m^3 的冷藏鱼舱,可只设一个分段。

钢质盐水管路外表面均应镀锌。盐水管排连接时如使用电焊对接或螺纹套管连接,对接头处没有(或失去)镀锌层的部分,均应采取防蚀措施,如涂富锌漆或包覆玻璃钢。盐水管路内壁不应镀锌。

(2) 空气冷却器:冷藏鱼舱新的冷却方法是采用冷空气循环。空气冷却器的盘管可以用盐水循环或制冷剂直接蒸发进行冷却,冷藏鱼舱容积等于或大于 150 m^3,冷却盘管至少分两组,或者设置两个空气冷却器。

空气冷却的盘管在低于 0℃ 工作时,空气中的水分会冻结,以霜的形式凝结在盘管表面,从而使传热率降低和增大冷却器的平均温差。所以应设有融霜措施(通入热制冷剂或热盐水)。为防止融霜产生的水污染鱼货,空冷器底部应设置盛水盘或足以泄出残水的类似设施。

空气冷却器配有电动风机。布置时应留有维修通道。特别是只装一台空冷器且为单风机的装置更应留有一定的通道以便更换风机和电机。

8.2.5　制冷装置运转参数

制冷装置运行主要参数有:蒸发温度和蒸发压力,冷凝温度和冷凝压力,压缩机的吸气温度和排气温度,压缩机的吸气压力和排气压力,膨胀阀前制冷剂温度,压缩机润滑油压力温度等参数。这些参数在制冷装置运行中,随外界条件(冷藏舱热负荷、冷却水温度、环境温度等)的变化而变化。因此在使用中,应根据外界条件和使用要求选择最佳参数。通常对压缩机的吸、排气温度和吸、排气压力的变化,就可判定系统工作的好坏。

(1) 蒸发温度 t_0、蒸发压力 P_0:蒸发温度是蒸发器内制冷剂,在一定压力下汽化时的饱和温度。该压力即为蒸发压力。

装置运行的蒸发温度,应根据制冷的温度要求及它的工作特点来确定。对于船用直接冷却来说,一般蒸发温度,应比要求舱温低 8~10℃,对于间接冷却式冷藏舱应比载冷剂温度低 4~8℃。

蒸发压力最好稍高于大气压。若蒸发压力低于大气压力,空气就有可能漏入系统。空气的进入,一方面影响热交换器工作质量,另一方面空气中的水蒸汽易在系统中产生"冰塞"。对制冷剂为氨来讲,还会使某些金属产生腐蚀。

在装置运行中,蒸发温度,蒸发压力是随冷藏舱热负荷,压缩机能量变化而相应变化。

(2) 冷凝温度、冷凝压力:冷凝温度是制冷剂在冷凝中冷凝时的温度,对应温度下的饱和压力就是冷凝压力。冷凝温度高,不仅是制冷量下降,而且浪费能量。因为过高的冷凝温度,造成排气压力升高,压缩机负荷增加。而排气压力升高又使排气温度升高,对运行中压缩机带来不良影响。

按规定,R12 冷凝温度小于 40℃,最好小于 38℃,R22 和 R717 冷凝温度小于 50℃,最好小于 40℃。

冷凝温度的大小,取决于冷却水或空气的温度、流量、冷凝器的冷却效果。一般冷凝器的水出口温度应比冷凝温度低 5℃ 左右,对壳管式冷凝器进出水温差为 5~10℃ 为宜。

降低冷凝温度对工况有利,但要加大冷却水量。而过低冷凝温度、因冷凝压力减少,在同一膨胀阀开启量下,蒸发器实际供液量减少从而降低制冷量。

(3) 压缩机的吸气温度、吸气压力:压缩机的吸气温度和压力是指吸入阀处的冷剂气体温度和压力。可由此判断冷藏舱温度、系统工作情况,以及压缩机可否产生"液击"情况。为了保证压缩机的安全运行,防止"液击"现象,进入压缩机的制冷剂气体应有一定的过热度。一般情况下,在没有回热器的氟里昂制冷装置中,吸气温度比蒸发温度高 5℃ 为宜(即有 5℃ 的过热度)。在有回热器时,可保持 15℃ 的过热度是合适的。如吸入温度为 -25℃,则蒸发温度为 -20℃ 左右。过热度过大,制冷量下降,排气温度升高,过小易产生"液击"。

吸入压力应略高于大气压力。这在停机前尤为重要。一般小于 0.02 MPa 时可停机。平时运转吸入压力是与冷藏舱的蒸发度相对应。一般把压缩机的吸入压力近似地看做是蒸发压力。与此相对应的饱和温度即为蒸发温度。

(4) 压缩机的排气温度、排气压力:压缩机的排气温度是指排气阀处制冷剂气体温度,该处的气体压力则为排气压力。

压缩机排气温度过高既浪费能源又影响压缩机正常工作。对活塞式压缩机,R12 排温小于 130℃,R22、R717 排温小于 150℃。

排气温度的高和低是由排气压力大和小而决定,而排气压力大小主要决定于冷凝器的温度工况。冷凝温度高,排气压力大。

同时,排气温度同压缩比[冷凝压力/蒸发压力(P_k/P_0)]及吸气温度有关。吸气温度高,压缩比大,则排气温度高。反之亦然。

如夏季海水温度在 28~33℃,其冷凝温度在 25~35℃ 范围,压缩机的排气压力一般数值是:R12 为 0.78~0.98 MPa(8~10 kgf/cm²),最高不超过 1.18 MPa(12 kgf/cm²),最低不超过 0.59 MPa(6 kgf/cm²)。

R717、R22 为 0.98~1.47 MPa(10~15 kgf/cm²),最高不超过 1.57 MPa(16 kgf/cm²)。

对风冷冷凝器,其冷凝温度一般不应超过 40℃,最高排气压力不应超过:R12 为 1.18 MPa(12 kgf/cm²);R717、R22 为 1.57 MPa(16 kgf/cm²)。

(5) 制冷剂的过冷温度:为了防止液体制冷剂在膨胀阀前的液管中产生"闪气"现象,保证进入膨胀阀的制冷剂全部是液体,则应让液体制冷剂有一定的过冷度。不同装置,按照膨胀阀前液管的压力损失不同,所需过冷度也不一样,一般为 3~5℃。为了达到过冷要求,可用气液回热器。在 R12 的小型制冷装置中,常见把液管和回气管包扎在一起达到过冷目的。

(6) 制冷剂数量:系统中制冷剂数量要适中。过少,制冷量不够,要补充。过多,使冷凝器传热面积减少,使冷凝温度,冷凝压力升高,排气压力升高,故应停机把多余制冷剂抽出。

正确做法是:把贮液钢瓶作为系统的冷凝器。通过压缩机排出阀的多用通道及"T"型接头,把制冷剂排入钢瓶,钢瓶外部用水冷却即可。

(7) 仪表、控制器:制冷系统所有压力,温度仪表应指示准确,指针稳定,高低油压控制器调整适当,动作准确,性能可靠。所有温度控制器的动作,应能准确地控制冷藏舱温度。

(8) 压缩机油压、油温:一般要求压缩机润滑油压力在 $0.15\sim0.28$ MPa 范围($1.5\sim3$ kgf/cm^2),不应低于 $0.1\sim0.15$ MPa($1\sim1.5$ kgf/cm^2),最低不少于 0.075 MPa(0.75 kgf/cm^2)。压缩机润滑油应符合规定(氨多用 13 号、R22 多用 25 号、R12 多用 18 号冷冻机油)。

润滑油温度应不超 70℃,最低不低于 5℃。

压力控制器给定值(参考):

1) 高压控制器:比安全阀开启压力低 0.1 MPa;

2) 低压控制器:比最低 t_0 低 5℃ 的相对应饱和压力值,但最低不低于 0.01 MPa;

3) 油压(压差)控制器(最低):有卸载能量调节装置时,取 0.15 MPa,无卸载能量调节装置时,取 0.075 MPa。

8.3　冷藏鱼舱的布置要求

8.3.1　冷藏鱼舱的结构

冷藏鱼舱要低于外界的温度,除了要用制冷机从其中移出热量外,还必须同时对冷藏舱的周壁、支柱和舱盖等铺覆隔热材料,以防止外界热量的流入。事实上,制冷机从冷藏鱼舱所移出的热量,基本上是同外界漏入的。但是,到目前为止,还没有一种完全不导热的材料。因此,冷藏鱼舱隔热只能是尽可能减少外界热量的渗入。

(1) 冷藏鱼舱应是气密结构:为减少外界热量的渗入,每一冷藏鱼舱应做成气密结构,包括冷藏鱼舱的门、入孔盖和污水沟。穿过冷藏鱼舱壁的通风筒、导管或管件应保证气密并有效绝热。制冷管路不能与船体钢结构直接接触,以免形成热桥。

(2) 绝热:

1) 绝热结构:冷藏鱼舱绝热结构的基本要求是:绝热性能好,所占的有用空间少,总重量轻和坚固耐用。

绝热结构通常由绝热层、防潮层和保护层组成。

2) 绝热材料:对冷藏渔船的所有舱壁、船体外板的内壁应敷盖经验船部门同意的绝热材料。目前常用块状为聚苯乙烯发泡塑料(Polystyzrene),现场发泡多用聚氨基甲酸酯(Polyurethane),表面再装设塑料薄膜和保护覆板。对现场发泡应取样试验,检查密度、空穴和自熄性。

8.3.2　附属件

(1) 温度计:每一鱼舱应设有适当数目的温度计。安装位置应能正确显示温度处所。其数目应不少于 2 只,读数精确到 ±0.5℃ 以内。

(2) 系固件:对支撑或系固冷却设备、绝热层等的紧固件、挂钩、托架等钢材制品均应镀锌以防锈蚀。

(3) 孔盖、舱口盖及门:为方便对污水沟、污水井、冷却器泄水和鱼舱泄水等处检查,这些部位要设有可拆的绝热封盖。对于舱口盖及门一般做成斜面密封,在贴合间有橡胶垫片。

(4) 冷藏鱼舱在明处应设有向外报警按钮,在危急时可向外求救。

第9章 管 系

9.1 概述

9.1.1 管系的组成和分类

管系是由管路、管路附件、器具、相连设备和测量仪表等组成,用以输送某种工质完成某项专门任务的系统。管系按其用途分为动力管系和船舶管系两大类。

主要为动力装置服务的管系称为动力管系。包括燃油管系、滑油管系、冷却水管系、压缩空气管系、液压传动管系等。它是动力装置的重要组成部分。

主要为保持船舶正常营运状态,保证船员生活需要和防污染而设置的管系称为船舶管系。如舱底水管系、压载水管系、消防管系、排水管系、生活用水管系、制冷空调管系、通风管系、油水分离管系等。

在渔船修造施工中,管系的制作、安装占很大比重;渔船建造规范中对管系的布置、管材的选用、管子加工和管路的安装都有相应的要求和规定。所以,管系的检验是检验工作的重要内容。

9.1.2 管系材质选择和加工

9.1.2.1 常用管材

渔船管系常用的管材有无缝钢管、焊接钢管、铜及铜合金管、铸铁管、塑料管、软管以及各种材质的管路附件。验船师应了解各种管材的特点。

(1)无缝钢管:无缝钢管按制造方法不同,可分为热轧和冷拔两类。无缝钢管的规格是按外径和壁厚来表示的。

无缝钢管可用在重要管路上,如高压、高温管路以及输送可燃、易爆和有害有毒物质的管路。若管路中工质的工作压力在 0.7 MPa 以下,温度在 250℃ 以下,可采用普通碳素钢管;温度在 450℃ 以下,可采用优质碳素钢管;工质温度超过 450℃ 时,应采用耐热合金钢管。无缝钢管经焊接、弯曲等加工后,需进行热处理。

(2)焊接钢管:焊接钢管是先用带钢卷成管坯,再用电阻焊或高频电流焊焊接而成。其规格常用公称直径表示。焊接钢管因焊缝质量影响,机械性能不及无缝钢管,一般只用在工作温度和压力不高的管路上,如燃油、滑油低压吸入管路、注入管、空气管、测量管等。焊接钢管使用的最高温度不能超过 200℃。

(3)水煤气输送钢管:水煤气输送钢管也称水煤气管,属有缝钢管。水煤气管按壁厚分普通钢管和加厚钢管两种。普通水煤气管使用在工作压力不大于 1.0 MPa 的管路上,加厚水煤气管使用在工作压力不大于 1.6 MPa 的管路上。

普通水煤气管还有表面镀锌(称白铁管)和不镀锌(称黑铁管)之分;其管端又有带螺纹和不带螺纹之分。

黑铁管的使用范围和焊接钢管大致相同,白铁管由于表面镀锌,提高了防腐性能,因此适用于低温、低压和有腐蚀性的水管路。如各种日用水管、卫生水管、舱底水管、消防水管以及水舱的注入管、空气管、测量管等。

水煤气管的规格是以内径表示的,并有公制和英制两种表示法。

(4) 有色金属管:渔船上使用的有色金属管主要是铜和铜合金管,即紫铜管和黄铜管。它们都是拉制或挤制的无缝钢管。其规格也是用外径和壁厚表示的。铜管冷弯加工会硬化,所以加工后应进行退火或消除应力的热处理。

1) 紫铜管:紫铜管质地柔轻,便于焊接和冷热弯加工,塑性和耐蚀性好。一般用作连接仪表的传压管、小直径油管、热交换器的传热管、低压压缩空气管等。

2) 黄铜管:黄铜管对空气和海水有很高的抗蚀能力,且热传导性良好。黄铜管传声性好,可用于通话管;黄铜管强度高,易焊接、耐腐蚀,一般用作淡水热交换器的管束。HAI77—2 铅黄铜管和 HSn70—1、HSn62—1 是在黄铜管中加入了适量的铅和锡,提高了机械性能和抗蚀性能,主要用作海水热交换器中的管束。

铜管的外表面应光洁,不应有针孔、裂缝、气泡、离层、绿锈等缺陷。冷凝器管子应按《规范》要求进行化学分析及机械性能、压偏、扩口、液压等试验。

(5) 塑料管:塑料管的品种很多,目前常用的是聚氯乙烯和改性聚氯乙烯管。塑料管与金属管相比,具有重量轻、耐腐蚀、摩擦阻力小、连接工艺简单等特点。但也存在强度低、不耐冲击、易热变形、防火性能差、易老化和冷脆等缺点。所以,只能用在常温低压的次要管路上,如干舷甲板以上的卫生排水管、洗涤水管及污水管、粪便水管等。

(6) 软管:

1) 橡胶软管:橡胶软管是由内外胶层和骨架(纺织物式金属丝编织物)组成。渔船上当机器和固定管路之间需要有相对运动时,常用到耐油橡胶软管。这种橡胶软管管端附件应是认可型的,内部管架至少有一层金属丝编织物。软管应经原型压力试验,其爆破压力不得小于最大许可工作压力的 5 倍。每根软管应经液压试验,试验压力为最大许可工作压力的 1.5 倍。

2) 不锈钢金属软管:金属软管主要用于柔性连接的管路。它与橡胶软管比较,具有柔软、重量轻、弯曲灵活、连接方便、耐腐蚀、使用寿命长等优点。并且在耐高温、承受内应力、抗振等方面有特殊的优良性能。

金属软管是采用 lCrl8Ni9Ti 不锈钢制成。无密封填料的,使用温度范围为 $-200 \sim 400℃$;有密封垫料的,则为 $-40 \sim 50℃$。

3) 塑铝复合管:此种管材亦称"日丰复合管",其结构是内外层为聚乙烯,中层为铝夹层管,是近年欧美等国研制出的新产品,此管最大特点是有坚硬、可弯曲、易伸直、耐高温、高压、耐腐蚀、重量轻及使用寿命长等优点,应用范围很广。

9.1.2.2　管材的选用

为了确定不同管系的试验要求、管路连接型式以及热处理和焊接工艺规程。规范把不同用途的压力管系按其设计压力和设计温度分为Ⅰ、Ⅱ、Ⅲ三级见表 9-1、管系所采用的管材也是依据管路等级来确定的。

表 9-2 可作为管子材料选择的参考。

表 9-1 管系等级

管 系	Ⅰ级		Ⅱ级		Ⅲ级	
	设计压力 N/mm²(kgf/cm²)	设计温度(℃)	设计压力 N/mm²(kgf/cm²)	设计温度(℃)	设计压力 N/mm²(kgf/cm²)	设计温度(℃)
蒸 汽	>1.6 (16)	或>300	<1.6 (16)	和<300	<0.7 (7)	和<170
燃 油	>1.6 (16)	或>150	<1.6 (16)	和<150	<0.7 (7)	和<60
其他介质	>4.0 (40)	或>300	<4.0 (40)	和<300	<1.6 (16)	和<200

注:其他介质是指空气、水、滑油、液压油和制冷剂等。

表 9-2 管子材料选择

管系名称	材料	备 注
空气管、溢流管、测量管、舱底水管、冷却水管、饮用水管及为卫生排泄管	镀锌钢管	1. 油舱的空气管、测量管、溢流管可不用镀锌钢管
燃油驳运管、排气管	钢管	2. 非压力润滑管和燃油管可用无缝钢管
燃油加热管、压力滑油管、压力燃油管以及压力大于1.0 MPa	无缝钢管	

管系附件的材料应满足管系性质和安装部位的要求。如海底阀、舷旁阀及其他与外板连接的附件,均应用钢材、青铜或其他塑性材料制造,不准采用普通灰铸铁或类似材料。附件材料的使用范围参见表9-3。

表 9-3 附件材料使用范围

材 质	使用范围	备 注
碳 钢	工作温度小于450℃	
钢 合 金	工作温度大于250℃	
灰 铸 铁	工作压力小于2.5 Mpa 工作温度小于350℃	不得用于遭受水击、振动的管系及制作舷旁、海底等阀件。
球墨铸铁	工作压力大于4.0 Mpa 工作温度小于350℃	

管子内径大小是由管系中工质的流量和流速决定的。流量通常指的是管系中泵的排量;流速指的是管路中工质的平均限制流速,参见表9-4。

表 9-4 工质的流速

工质的种类	平均速度(m/s)	工质的种类	平均速度(m/s)
润滑油	0.5~1.0	起动管路中的空气	不超过30
柴 油	0.5~1.5	液压油	4.8~8.0
水	2.0~4.0		

计算的管径还应满足《规范》规定的最小管径的要求和相关管子的比例关系。例如,舱底水管与船的主尺度有关,且支管最小内径为40 mm;一般舱柜空气管和溢流管截面积要比注入管至少大25%,等等。

管壁厚度由管路设计压力、管子外径、管材性能以及弯曲附加余量、腐蚀余量等决定。《规范》提供了最小壁厚的计算方法。根据计算的最小壁厚,再选用标准管的最小公称壁厚。

9.1.2.3　管子的加工

金属管子的弯制:

管系因安装布置的需要,经常对管子进行弯曲加工。管子的弯制方法有冷弯、热弯、手工弯及机械弯等。

管子弯曲时,弯曲部分的管壁会产生塑性变形;外侧管壁被拉长而减薄,内侧管壁被压缩而增厚或产生皱折,管子截面由正圆变为椭圆。变形大小与管子直径、弯曲半径和弯曲角度有关。管子变形会影响管子的通流面积、承压强度、弯曲处金属相应组织的变化使管壁易产生腐蚀现象。所以《规范》对管子的弯制有相应的要求。

(1) 弯曲半径:金属管子弯曲半径 R 通常不得小于 $3D$(D 为管子外径);管路布置有困难时,允许 R 小于 $3D$,但不得小于 $2D$。

(2) 冷弯与热弯:管子的弯曲加工一般应采取冷弯。

管子热弯时,加热应缓慢、均匀,控制好加热温度,防止过热。镀锌管热弯温度不能太高,以免镀锌层氧化;不锈钢热弯应避免渗碳;有淬硬倾向的金属钢管,不得浇水冷却。

(3) 热处理:Ⅰ级管系碳钢或锰钢钢管经冷弯后,若弯曲小于管子外径的 4 倍时,应进行热处理。冷弯后应缓慢均匀加热至 $580 \sim 620℃$,保持温度的时间为每 25 mm 壁厚或不足 25 mm 者至少 1 h,在炉内缓慢冷却到 400℃,然后在空气中冷却。所有合金钢钢管经弯曲后均应进行热处理。热处理工艺根据成分决定。

冷弯的铜和铜合金管,在弯制完工后液压试验前,应进行退火处理,退火温度为 500~700℃。

(4) 外观质量及变形允差:

1) 外观质量:管子弯曲处应光整圆滑,不得有裂纹、结疤、烧伤、折叠、分层等缺陷。如有上述缺陷应予清除,但壁厚减薄应在允许范围之内。管子弯曲后,内侧壁允许有均匀的皱折存在,但高度不得超过管子实际外径的 4%,皱折处不能有裂纹。

2) 圆度及外径收缩率:管子弯曲后截面的变化以圆度和外径收缩率表示。其允许值参见表 9-5。

表 9-5　圆度及外径收缩率的允许值

弯曲半径 R (mm)	圆　　度	外径收缩率 %
$R \leqslant 2D$	$\leqslant 10$	$\leqslant 6$
$2D < R \leqslant 3D$	$\leqslant 9$	$\leqslant 5$
$3D < R \leqslant 4D$	$\leqslant 7$	$\leqslant 4$
$R > 4D$	$\leqslant 5$	$\leqslant 3$

圆度计算:

$$\tau = \frac{a-b}{D} \times 100\%$$

外径收缩率计算:

$$r = 1 - \frac{a+b}{2D} \times 100\%$$

式中：D——管子外径(mm)

a——弯曲处截面最大外径(mm)

b——弯曲处截面最小外径(mm)

检验管子弯曲后的圆度、外径收缩率可用卡尺等量具测量。对小直径的管子，必要时也可计算出上述允差，选用适当直径的钢球做钢球通过管子弯曲部位的试验。

9.1.2.4 管子焊接

管子焊接是管段连接的主要加工方式。主要有管子与法兰的焊接、管子对接焊、钢管套筒焊接。管子焊接应符合《规范》和有关技术标准(如CB＊/Z345《船用管子加工通用技术条件》)的要求。

(1)焊前检验：

1)检查施焊焊工资格。焊工应持有相应的焊工考试合格证书。

2)焊接工艺认可。对于首次焊接或采用新的焊接工艺时，工艺规程应提交验船部门审核。工厂应模拟具体施工条件，按照批准的焊接工艺规程焊制各种接头试样，并对试样焊缝进行X射线透视检查和剖面加工、浸蚀后的检查，对合金钢管接头还应作机械性能试验和破坏性试验。

3)焊接部位要清洁，不能有油漆、油类、氧化物或其他对焊接质量有害的附着物；管件尽可能在车间内焊接，避免受雨、雪或风力的影响，焊接时的环境温度不能过低。

(2)焊接技术要求：

1)焊接材料应是经验船部门检验认可的船用产品并保存良好。其强度应不低于管材强度的下限值。工作压力高于2.94 MPa的空气系统及过热蒸汽系统管子与法兰的连接必须用低氢焊条。

2)管子与法兰连接的结构型式和焊缝尺寸应符合《规范》要求。焊接应采用双面焊；内径小于或等于25 mm的管子允许单面焊，但焊后管端应进行扩管，使管壁紧贴法兰内孔。

3)钢管的对接接头、支管和法兰连接接头应用手工电弧焊或埋弧自动焊以及验船部门认可的其他焊接方法。氧—乙炔气体焊的使用范围，可用于管子直径不超过100 mm或壁厚不超过9.5 mm的钢管对接接头。

4)滑油、燃油、液压系统及其他对清洁要求较高的管子焊接，如单面焊，应采用气体保护焊作封底焊；如双面焊则内圈缝须磨光。

5)焊缝应布置在距管子弯曲处2倍弯曲半径以外的地方并尽量离开膨胀补偿部分；尽可能布置在受弯曲力和交变负荷作用最小的位置。

6)管子焊接完工后，应注意清除掉焊渣、焊药及飞溅物，内圈焊缝应进行打磨修整。

7)镀锌管焊接后，对镀锌层被破坏的部位应采取有效防腐措施(如涂富锌漆)。

8)碳钢和锰碳钢管，凡含碳量超过0.23％者，在电弧焊后应进行消除应力的热处理(要求同管子冷弯后的热处理)；所有合金钢管在电弧焊后也应进行消除应力的热处理。

9)钢管和合金钢管，在氧—乙炔气体焊接后，应进行正火(钢管)或正火加回火的热处理。

(3)焊接质量检查：

1)表面质量检查：焊缝表面不应有裂纹、焊瘤、气孔、咬边、未填满的弧坑以及凹陷存在，管内壁不允许塌陷。如有这些缺陷应要求修补。

焊缝成型尺寸应符合要求，焊脚高度彼此相同，焊缝金属应向母材圆滑过渡。

2）无损探伤检查:管子的对接接头应按表 9-6 的规定进行 X 射线透视检查。

表 9-6　对接接头检查范围

管子外径（mm）	检查范围
≤76	由验船师指定位置抽查
>76	焊缝 100% 进行检查

在特殊情况下,验船部门可以同意以超声波检查代替射线检查。

填角焊缝应进行磁粉探伤检查。检查范围与表 9-6 相同。

9.1.3　管系的布置和安装要求

《渔船规范》对管系的布置和安装有原则规定,专业标准 CB＊/Z345《船舶管系布置和安装通用技术条件》可作为渔船管系布置、安装和检验的参考依据。

验船师在审图和现场检验中,对管系的布置和安装应重点注意防火、防爆方面的要求,其次是管系损坏和操作不当能否引起船舶大量进水,同时要注意安全操作和管理方面的要求。

9.1.3.1　管系布置原则

（1）管系布置顺序:管系布置应从全局出发,全面考虑各种管系的特点,管子排列尽可能平直、成组排列,做到整齐、美观、有条不紊。

布置顺序应是先大口径管后小口径管,先直后弯、由下而上、从纵到横,避免迂回和斜交。

（2）管系布置的间距:

1）相邻管子(包括管子的附件)的间距应在 20 mm 以上。

2）包扎绝缘的管子,其外缘与相邻管子、管系附件或船体结构的间距应在 30 mm 以上。

3）排气管、蒸汽管绝缘层外表与电缆的距离应在 100 mm 以上。

（3）各种管子应尽量沿船体结构或舱柜布置,且应便于安装和操作。

（4）舱柜分隔:液舱相邻布置需设隔离室舱的,应按《规范》的具体规定。

（5）防火:

1）燃油舱柜的空气管、溢流管、测量管和注入管应避免通过居住舱室,如不可避免时,通过该舱室的管子不能有可拆接头。

2）蒸汽管、油管、水管及液体容器应避免设在配电板的上方及后面,若不可避免时,应有可靠的防护措施(例如,管子不得有接头、设置套管、遮挡板等,防止油水滴落在配电板上)。

3）油管及油柜应避免设在锅炉、烟道、排气管、增压器及消声器的上方,如有困难时,应采取有效措施,防止油类滴落在上述管道或设备的热表面上。

4）油柜的液位计不准使用塑料管。若采用玻璃管时,应当采取对玻璃管的保护措施。

（6）绝热包扎:所有蒸汽管、排气管和温度较高的管路,应包扎绝热材料,绝热后表面温度不应超过 60℃,以免灼伤船员和发生火险。

非冷藏装置的管路通过冷藏渔舱时应包扎防冻材料,以防冻结;与该舱室的钢结构做绝热分隔,防止热桥产生。

（7）防护:布置在渔舱以及其他易受碰损处的管子须设置可靠、便于拆装的防护罩。各管系应根据需要,在管子、附件、泵、滤器和其他设备上设置放泄阀或旋塞,以便于放出空气和排出残液。对于使用时压力可能超过设计压力的管路,应在泵的输出端管路上设置安全阀。对于油管路,由安全阀溢出的油应流回泵的吸入端或舱柜内;管路中的加热器和空压机的冷却器也应装设安全阀。安全阀的开启压力一般不得超过管路的设计压力。

钢管应有防锈蚀的保护措施。在弯制、成型和焊接加工完成后,涂上保护层。

9.1.3.2 管路附件的布置

(1) 安装位置:阀、旋塞及滤器的安装位置应设在便于操作的地方。

机舱重要用途的阀件应尽可能安装在花铁板以上。装在花铁板以下的阀件应在与阀相对应的花铁板上开孔并加盖。

所有遥控阀均应设有就地手动操纵装置。使用手动装置不能使遥控功能受影响。

(2) 阀件标志:阀件和旋塞应有标明用途的永久性铭牌。

海底阀、舷外排出阀和旋塞应有指示开闭状态的指示装置。

操纵手轮或手柄顺时针转为关,逆时针转为开。

(3) 海水箱:海底阀和海水箱的所有船舷开口,均应装设格栅。格栅有效通流面积一般不应小于海底阀通流面积的 2.5 倍,栅条应沿船体纵向安放。海水箱应设有压缩空气或蒸汽的吹洗管。海水箱的布置应避免形成气囊。如在海水箱顶部装设透气管时,透气管根部要设截止阀。海水箱应有适当的防锈措施。

(4) 膨胀接头:承受胀缩的管子,应采取管子弯曲或认可型式的膨胀接头等必要的补偿措施。需要采取补偿措施的管路为:蒸汽管路,两隔舱之间的直管、双层底舱内的管段、排气管、海水消防管以及连接振动较大设备的管子。

膨胀接头应布置在系统保护区的中间。膨胀接头的两边应各装一只支架,两边连接的管子应适当校直和固定。

9.1.3.3 管孔的布置

(1) 进水孔和排泄孔的布置原则:

1) 所有污水的排泄孔尽可能布置在一舷。

2) 如果海水进水孔布置在排水孔同一舷,则进水孔应在排水孔的前面,并尽可能远离。

3) 排水孔的位置一般应不低于最大吃水线,否则应设置止回阀或防浪阀。

4) 排水孔不应布置在舷梯及舷窗上面和救生艇筏卸放区域内。

(2) 对船舷和船底进排水管阀件的安装要求:

1) 阀或旋塞直接装在焊于船体外板(或海水箱)的座板上,并以旋入座板的螺栓予以固定。螺栓孔不能钻到外板。

2) 装在焊于船体外板的短管上。短管的壁厚一般应不小于外板厚度。外板与短管之间要加焊复板。

9.1.3.4 管子支架布置与安装

为避免管子因振动而损坏,管系应用支架加以固定。支架的结构型式、尺寸和支架间距可按管路布置的具体情况选用(参见 CB＊/Z345《船舶管系布置和安装通用技术条件》)。

钢管支架由角钢和 U 型螺栓组成。并排的管子可采用组合支架。支架尽量设在船体纵桁等船体构件上,严禁将支架直接装焊在船体外板上。

机舱和航行中振动较大的部位,支架间距应适当减小。支架应尽量装在直管部分。

有色金属管、油舱中加热管与支架之间应垫以青铅衬垫。高温管子与支架之间应加隔热垫。

支架安装完毕,紧固螺栓应拧紧并伸出螺母 1~5 牙。

管子通过水密甲板、水密舱壁、双层底等船体结构,均应采用通舱管件或法兰焊接座板。需要在纵桁腹板、强横梁腹板开孔时,应符合船体结构的相关要求。

9.1.3.5　管路的连接

管路连接是将管子与管子或相关设备、附件可靠地结合在一起,形成完整的系统。

渔船管路的连接除了前述的焊接方式以外还有法兰连接和管子螺纹接头连接等型式。

螺纹接头连接一般用于公称通径不大于 32 mm 的场合。特点是外型尺寸和重量较法兰连接为小,拆装方便。

法兰连接是管系中主要的连接型式。因为它连接紧密可靠,又能拆装,便于检查和维修,所以适用性广。《规范》对钢管与法兰的固定连接型式及其适用范围都有规定。对于用法兰连接的管路,要求其两法兰密封平面应相互平行,安装时应自然对正,不准采用撬杠或夹具强行对中。

所有的管子接头、管子法兰连接处密封面均应垫上均匀压实的垫片。垫片材料根据管路中工质、温度和工作压力而定。每对连接法兰间只许放置 1 只垫片,垫片的内径边缘不应盖住管子或附件的流通截面。法兰连接螺栓应露出螺母 1~3 牙。

9.1.3.6　管路的包扎和涂漆

(1) 管路的包扎:管路的绝热包扎一般应在管系安装完毕并经密性试验合格后在船上进行。

绝热材料一般选用硅酸铝纤维(陶瓷棉)制品和石棉布。为使表面温度不超过 60℃,绝热层厚度可参照表 9-7。

表 9-7　绝热层厚度参考值

绝热层厚度 (mm) ＼ 管系内工质温度(℃) ＼ 管子公称通径 (mm)	≤120	≤200	≤300	≤400	≤500
≤32	10	20	30	40	50
40~65	10	20	35	50	65
80~150	15	25	40	55	70
200~300	15	25	40	60	80
>300	20	30	45	65	90

制冷装置的管路(包括通过冷藏舱室的管路),其包扎材料应选用防潮型的硅酸铝制品,包扎厚度为 30~40 mm。

用成型绝热材料包扎时,接缝处应紧密贴合,如有缝隙应用陶瓷棉填实。绝热材料外表用石棉布或玻璃纤维带紧密包扎。

(2) 管路的涂漆:为提高管路防腐蚀能力,管路均涂防锈漆。另外,为便于操作和识别,不同用途的管系,涂以不同的颜色漆。各类管系的油漆颜色和识别符号,应符合 GB3033《船舶管路和识别符号的油漆颜色》的规定。

表 9-8　管路的油漆颜色

油漆颜色	基 本 含 义	管 路 名 称
绿　色	海水(舷外水)	卫生水管路,舷外水冷却管路,压载水管路
银　色	蒸　汽	蒸汽管路,锅炉吹灰或放泄管路,排气或废气管路
棕　色	液体燃料	液体燃料运行管路,液体燃料回油或污油管路
黄　色	润 滑 油	滑油运行管路,滑油回油或污油管路,液压传动管路
浅 蓝 色	空气和氧类气体	压缩空气管路,氧气管路
红　色	消　防	消防水管路,蒸汽灭火管路,二氧化碳、泡沫或其他化学灭火管路
灰　色	淡　水	给水、凝水或热水管路,淡水冷却管路,清水饮水管路
黑　色	废污液体	粪便或污水管路,舱底或疏、排、泄水管路
蓝　色	制 冷 剂	冷剂液或盐水管路,冷剂回气管路,冷剂排气管路

注:各种空气、测量、注入、仪表或溢流管路的油漆颜色按其通过的介质取表中规定的颜色。符合 GB 3033《船舶管路和识别
　　符号的油漆颜色》的规定。

9.2　船舶管系

9.2.1　舱底水管系

9.2.1.1　舱底水管系的作用和组成

渔船在营运中,由于船体接缝处的渗漏,甲板上浪、甲板冲洗水和雨水的漏入,机械设备、尾轴和各种管系工作和检修时水和油的泄漏,冰鲜鱼舱冰的溶解水等原因,都会使船舱底部形成积水。这些积水统称舱底水。

舱底水不仅对船体有腐蚀作用,而且积水过多会影响船的稳性,危及船员安全。

用于排除舱底水的管系称为舱底水管系。舱底水管系的作用主要是及时地将各舱的舱底水排出舷外,以及船舶破损进水时抽除进水。

舱底水管系由船底水泵、吸入管路、排水至舷外的管路、吸入端过滤器、泥箱及相应阀件组成。

9.2.1.2　舱底水管系的配置要求

《规范》对舱底水管系的配备与布置有详尽的规定。总的要求,舱底水管系的布置应能保证任何舱室或水密区域内的积水均能排出;舱底水管系不允许舷外水和船上任何水舱的水经过该管系进入舱内,即在舱底水管系中,水的流动是单向的,并且是只出不进。此外,舱底水的排出还应满足防污染的有关规定。

(1)舱底水吸口的设置:

1)鱼舱。每一鱼舱应设 2 个吸口。一般在前后端中纵剖面处各设 1 个。

2)机舱。应设 1 个舱底水支吸口和 1 个直通舱底泵吸口。布置在中纵剖面处,对船长等于或大于 45 m 渔船、机器处所内还宜设有应急舱底水吸口。其他要求详见《规范》。

(2)止回装置:为防止舷外水或压载舱水通过舱底水管系进入机舱和鱼舱,防止水密舱室之间发生沟通,下述部位应设截止止回阀。

1)舱底管系阀箱;

2)直通舱底泵的舱底管吸口处;

3) 应急舱底水吸口处(45 m 以上渔船);

4) 船底泵与舱底水总管之间的连接管;

5) 舱底泵或舱底水总管上舱底水吸入软管的接管。

(3) 舱底水管内径和舱底泵排量:

1) 船底水管的内径 d_1 应不小于按下式计算所得之值:

$$d_1 = 25 + 1.68\sqrt{L(B+D)}, \text{mm}$$

式中: L——船长(m)

B——船宽(m)

D——至舱壁甲板的型深(m)

2) 任何情况下,舱底水总管的内径不得小于最大舱底水支管的内径。

3) 鱼舱和机舱的舱底水支管内径 d_2 应不小于按下式计算所得之值:

$$d_2 = 25 + 2.15\sqrt{l(B+D)}, \text{mm}$$

式中: l——舱室长度(m)

B——船宽(m)

D——至舱壁甲板的型深(m)

4) 舱底泵的排量应符合以下规定:

①每一动力舱底泵应能使流经计算所需的舱底水总管的水流速度不小于 2 m/s。船长小于 30 m 的渔船,此速度可减少到 1.5 m/s。

②每一舱底泵排量 Q 应不小于按下列公式计算所得之值:

$$Q = 5.66 d_1^2 \times 10^{-3}, \text{m}^3/\text{h}$$

$$Q = 4.24 d_1^2 \times 10^{-3}, \text{m}^3/\text{h}(\text{船长小于 30 m 的渔船})$$

式中: d_1——舱底水总管内径(mm);按前面所列公式计算。

③一台舱底泵的排量小于本款②项计算所得之值,且此排量差额不大于计算排量的 15% 时,则可用其他舱底泵补偿。

(4) 舱底泵的数量和性能:

1) 船长大于或等于 24 m 时应至少设 2 台动力舱底泵,其中至少 1 台为独立动力泵,其余可为主机带动泵。船长小于 24 m 的渔业船泵时,可允许仅设 1 台动力泵和 1 台适当排量的手动泵。

2) 独立动力的卫生泵、压载泵或总用泵,如其排量足够并与舱底水管系有适当的连接时,均可视为独立动力舱底泵。

3) 对船长大于和等于 45 m 的渔业船舶,1 个与适当压力的海水泵相组合并与舱底水管系有适当连接的舱底水喷射器,可代替 1 台本节要求的独立动力泵,其吸入量应大于或等于所代替泵的排量。

(5) 泵的连接:对具有 2 台及 2 台以上舱底泵的渔船,其舱底泵与管系的连接,应确保当其他泵在拆开检修时,至少有 1 台泵仍能继续工作。

水泵及其管路的布置,应能使所连接的任何泵的工作不受同时工作的其他泵的影响。

9.2.2 压载水管系

9.2.2.1 压载水管系的作用

渔船在作业过程中,由于油、水和冰的消耗、鱼船装载的变化、会使渔船重心改变,产生纵倾或横倾。当渔船空载时,因吃水减小,受风面积增大,影响渔船稳性。这不仅影响航行和作业,风浪中还有倾覆的危险。

压载水管系的作用就是通过对压载水舱注入、排出或水舱之间调驳压载水的方法来调整船舶的吃水、稳性、横倾和纵倾。

9.2.2.2 压载水管系的布置要求

(1)压载水管布置和压线水舱吸口的数量,应使船舶在正常营运条件下的正浮或倾斜位置均能排除和注入各压载舱的压载水。

压载舱的吸口不需设滤网,吸口尽量靠近舱底。

(2)压载水管系的布置必须避免舷外海水和压载舱内的水经压载水管系进入鱼舱、机舱和其他舱室。

(3)压载水管系不得与鱼舱、机舱的舱底水管系和油舱管系接通,但泵与网箱之间的连接管、泵排出舷外总管除外。

(4)油舱可能作压载舱时,压载水管系应装设盲板或其他隔离装置。饮用淡水舱兼作压载舱时,为避免两个系统沟通,也须符合这一要求。

(5)压载水管不得通过饮水舱、滑油舱。

(6)由于压载水管系既要将压载水注入各压载舱,又要通过同一管路、同一水泵将水排出,并在各压载舱之间任意调驳。这种"又进又出"的工作特点,决定了在压载水管路中不得装设止回阀或截止止回阀。而应集中设置由截止阀组成的调驳阀箱。

(7)首尖舱作为压载舱,只能有一根管子穿过低于干舷甲板的防撞舱壁。穿过防撞舱壁的管子,须设有在舱壁甲板以上控制的截止阀,此阀应装在首尖舱内侧的舱壁上,并带有指明阀开或关的装置。

(8)压载舱的空气管、溢流管和测量管的设置应符合《规范》规定。

9.2.3 泄排水管系

9.2.3.1 泄排水管系的作用

渔船营运过程中,会因上浪、雨水、甲板冲洗、渔获物冲洗等原因在甲板积水;船员生活会产生洗涤污水、厕所污水。泄排水管系的作用就是处理排除甲板积水、生活污水。

渔船甲板积水不能及时排除,不但使船舶重心提高,而且会形成自由液面,对稳性有很大影响。另外,随着人们对海洋污染的重视,对生活污水的排放也提出防污染要求。

9.2.3.2 泄排水管系的布置要求

(1)甲板排水管:露天甲板排水靠舷墙上的排水孔。

干舷甲板以下处所或干舷甲板以上的封闭上层建筑和甲板室应设甲板排水管。该排水管可引至舱底或直接引至舷外。排水管顶部设排水口,排水口应设格栅椅板,以防污物堵塞管路。在船壳外板上开孔通至舷外时,应装设紧固和便于检查的关闭装置,用以防止海水浸入船内。

通常,每一独立的排水孔均应装设能在干舷甲板以上操纵的截止止回阀。如该阀装在有人值班的机舱内,且便于就地操作,可免设该甲板操纵机构。而对排水管船内端开口(排水口)

高出最大吃水线时,《规范》规定,可根据不同情况设置止回阀。

(2) 污水泄排管系:理鱼间、厨房、洗澡间、厕所和其他可能积水的舱室,应装设污水泄排孔和管系。

污水管应避免通过居住舱、清水舱和油舱。污水管应保持一定的泄水坡度,并在可能阻塞的弯角处设清除污物的螺塞。

厕所粪便污水泄排管下方应设 S 型水封弯头,舷外排出口须设防浪阀。目前,我国沿海城市已对船舶污水排放提出环保要求。对有的出国渔船应提出增设粪便污水储存或处理的要求,这是今后需要解决的课题。

9.2.4　空气、溢流和测量管

9.2.4.1　空气管

空气管的作用是使舱柜压力与大气压力相同,保持舱柜内外压力平衡,排除舱柜有可能产生的气体。储存油、水的舱柜和双层底舱、深舱和隔离空舱均应装设空气管。

《规范》对空气管的设置有详细规定,此处不再赘述。

9.2.4.2　溢流管

溢流管的作用是,用动力泵灌装液体的舱柜,如液体装满后泵还未停止,多余液体可通过溢流管流到适当处所。燃油日用油柜,相应于空气管高度的压头大于该舱柜所能承受的压力的舱柜,空气管的截面积小于 50 mm 或小于该舱柜注入管截面积的 1.25 倍的舱柜,如用动力泵或手摇泵灌装液体,则应设置溢流管。溢流管不能装设阀门。

对溢流管的要求详见《规范》。溢流管上一般应设有良好照明的观察器,以便及时使驳运泵停止工作。

9.2.4.3　测量管

测量管的作用是用来放入有刻度的金属测深尺,以检查各油、水舱柜的储量以及其他舱的舱底水积聚情况。每一压载水舱、燃油舱、清水舱、隔离舱和其他不易到达的分舱均应装设测量管。对测量管的要求详见《规范》。

燃油舱柜的测深尺,应以使用时不会产生火花的金属(如黄铜)制成。油柜上代替测量管的通管式液位计不得用塑料管制作。

9.2.5　通风管系

9.2.5.1　通风管系的作用和类型

(1) 渔船通风管系的主要作用是:

1) 通过通风管系,给船员居住舱室和机舱送入新鲜空气,驱除污浊和温度较高的空气,改善船员的生活和劳动条件。

2) 使机舱有充足的新鲜空气,满足主辅柴油机和辅助锅炉燃烧需要。

3) 排除某些舱室产生的有毒、有害或难闻的气体。

(2) 通风管系的类型:舱室通风可分为自然通风和机械通风两种:

1) 自然通风:自然通风是利用船前进时,通风管迎风面空气压力和速度将新鲜空气导入舱室。利用冷热空气对流原理将原舱室内空气排出。

自然通风靠各种通风头进行。常见的有烟斗式、蕈式、鹅颈式等,各种产品已有相应的系列标准。

自然通风的优点是不需要动力机械通风设备,系统简单,一般用于小型渔船,也可作为大中型渔船上的辅助通风手段。缺点是,换气强度(每小时舱室通风换气次数)受船对风的相对速度的影响,工作不稳定,通风量也受一定限制,特别是炎热季节更难满足要求。通风头尺度较大,浪花和雨水易从风斗打入舱室内。

2) 机械通风:机械通风有 3 种方式:机械通风、自然排风;自然通风、机械排风;机械通风、机械排风。通风方式的选择是由舱室的性质及各种机械装置的布置来决定。例如,船舶营运中可能产生有害气体的舱室宜采用机械排风,防止有害气体的蔓延。

9.2.5.2　通风管系的要求

(1) 自然通风或机械通风:进风口布置应防止吸入污浊空气,出风口布置应尽可能远离门窗。

(2) 储存易燃、易爆及可能产生有害气体的舱室,应设置有效的抽风风斗,通风道应气密。

(3) 通风筒、通风帽应布置在远离排气管、天窗、升降口、烟筒和机舱棚壁等处,干舷甲板开敞部位的风筒口应设防止风浪和暴风雨水侵入的风雨盖,其他甲板上的风筒应备防雨帆布罩。

通风筒甲板接管高度、壁厚应符合《规范》要求。

(4) 通风管系的布置结构还应满足《规范》消防篇的要求。

9.3　动力管系

9.3.1　燃油管系

9.3.1.1　燃油管系的作用

渔船燃油系统是为主辅柴油机和辅助锅炉供应所需燃油的系统。其作用就是为上述装置连续供应数量充足、清洁的低压燃油,保证动力装置的正常运转。

燃油系统主要设备包括:燃油舱柜、滤油器、油泵、加热器、仪表、附件及连接管路。

9.3.1.2　燃油管系的要求

对燃油管系的要求,最主要的是要保证向动力装置正常供油,还要符合防火的要求,尽量避免发生火灾和发生火险后避免火灾的蔓延。

(1) 燃油舱柜及其管件:

1) 燃油舱柜应尽可能是船体结构的一部分,一般应避免使用独立架设的燃油柜。对独立架设的日用油柜、沉淀油柜等应有足够的强度,最小壁厚,《规范》规定为 5 mm(容积小于 1 m³ 的小型油柜为 4 mm)。

2) 日用油柜、沉淀油柜和燃油滤器等,不得直接位于锅炉或其他高温热表面的上方。

3) 所有双层底以外的贮油舱柜、沉淀柜及日用油柜的供油管和机舱内的燃油平衡管均应在舱柜壁上或加焊的短管上装设阀或旋塞。该阀和旋塞除能就地关闭外,还应能在安全地点遥控关闭(船长 45 m 以下渔船只对日用油柜有此要求)。

4) 燃油舱柜空气管、溢流管和测量管应符合《规范》的要求。

5) 燃油舱柜的液位计应为自闭式。如采用玻璃管式液位计,应有防护罩。须强调指出的是,因渔船泊柜使用塑料液位计,多次发生火灾事故,渔船不准用塑料管作为液位计。

6) 沉淀油柜或日用油柜(不设沉淀柜时)的下部应设放水阀或旋塞,且最好是自闭式。日用油柜的出油口一般应高出柜底 50 mm。

（2）燃油管路：

1）使用重柴油的柴油机应有转换轻质柴油的系统。

2）燃油管路尽可能远离热表面和电器设备。如不可避免时，应有防火安全措施，如不设可拆卸管子接头等。

3）燃油驳运泵的吸入口和排出口均应装设阀或旋塞。

4）主机高压油泵前应装设双联细滤器，以便清洗滤器时不影响主机的正常供油（"小钢渔规"对额定功率小于 100 kW 柴油机，可允许采用带旁道管路的单一滤器）。

5）独立动力驱动的燃油驳运泵，其动力供应除应能就地切断外，尚应能在机舱外易于到达的安全地点切断。

6）燃油管路中可能漏油的部位下面，应设置油盘。油盘的残油应引入污油柜或其他专门的油箱中。油盘的泄油管上不得装设阀门或旋塞。

（3）燃油加热：我国生产的柴油因含石蜡成分高，所以凝固点较高。凝固点高的重柴油和凝固点低的轻柴油价格相差很大。渔船为降低营运成本，积极采取措施，尽量扩大重柴油的使用比例。为此加热燃油改善重柴油的流动性，就是措施之一。

渔船燃油加热方法有两种：①用柴油机废气锅炉产生的蒸汽（或热水）加热。②电加热。《规范》规定不得用柴油机的排气直接加热燃油。

燃油电加热因结构简单，渔船使用较多。但设置不当，会造成严重事故，所以对电加热应有严格要求。

采用电加热燃油时，加热器应经验船部门认可；电加热系统元件在任何情况下都不允许露出液面；电加热系统需配有油温、油位声光报警装置，并有在极限温度下自动断电的功能（极限温度为低于加热燃油闪点 10℃）。

近来由于石油工业的发展，重柴油的使用已见少。

9.3.2　滑油管系

9.3.2.1　滑油管系的作用和型式

（1）滑油管系的作用：滑油管系是向主辅机、减速齿轮箱等各运动机械供应润滑油和冷却用滑油的管路系统。其作用是使各运动机件摩擦副的接触面得到润滑，避免发生干摩擦，减少摩擦功率损失，同时在润滑过程中，滑油带走部分热量，起冷却散热、冲洗清洁、防止腐蚀的作用。

渔船滑油管系主要由油柜、滤油器、滑油泵、冷却器、仪表和附件组成。

（2）滑油管路的型式：滑油管路通常根据柴油机结构分为湿底壳式滑油管路和干底壳式滑油管路。

1）湿底壳式滑油管路：这种滑油管路的滑油存在柴油机的油底壳里。正常运行时，滑油被柴油机自带滑油泵抽吸到滑油冷却器冷却后，送入各润滑部件，然后靠滑油重力流回柴油机油底壳。这种管路设备简单。其缺点是滑油在柴油机油底壳，长期受到燃烧室漏泄的高温气体的高温和化学作用，容易变质。

2）干底壳式滑油管路：这种管路与湿底壳式不同之处是柴油机结构型式不同。润滑油不存在柴油机底壳里，而是另设滑油循环油柜。润滑各部件的滑油，借重力（或专门滑油抽吸泵）回到循环油柜，然后由滑油压力泵抽出，经滑油冷却器冷却后，再进行各润滑部件，形成闭式循环管路。

干底壳式比湿底壳式虽增加了滑油循环泵,却改善了滑油的工作条件,延长其使用期。

9.3.2.2 对滑油管系的技术要求

(1)滑油舱柜:渔船根据需要设置足够容量的滑油贮存柜、循环油柜和污油柜。循环油柜的进油管应延伸到最低液面以下适当深度并应与出油口尽量远离,回油管上应装温度计,并尽可能装高温报警装置。滑油柜上的液位计的要求与燃油管系相同。

(2)滑油管路:滑油管系在滑油泵的排出管路上设滤器。滤器的结构应保证在不停机和不减少向柴油机供应过滤油的情况下进行内部清洗。柴油机单机功率大于 441 kW 时,滤器前后应设压力表。

主机滑油进口总管应装压力表,并尽可能装低压报警器。

柴油机、增压器和齿轮箱的滑油系统尽可能分设。其空气管、溢流管、测量管的设置、管路布置、防火要求应符合《规范》有关规定。

9.3.3 冷却水管系

9.3.3.1 冷却水管系的作用及冷却方式

(1)冷却水管系的作用:冷却水管系的作用是为柴油机、滑油冷却器、淡水冷却器、轴承等供应足够的海水或淡水,带走多余热量,使机械设备在允许的温度范围内工作;使制冷剂由气体变为液体。

(2)冷却方式:冷却水管系最主要的部分是柴油机的冷却水管系。对柴油机的冷却方式,渔船上有开式和闭式两种。

1)开式冷却管路:开式冷却管路是用水泵由舷外吸水直接冷却柴油机等设备。

开式冷却的优点是管路简单、设备少、管理方便。缺点是冷却水水质差,海水冷却对金属有腐蚀作用,且温度超过 55℃会产生析盐现象,使柴油机水套积垢,影响传热。开式冷却管路主要用在小型船舶柴油机和对水质水温要求不十分严格的热交换器、空压机及尾轴管、排气管的冷却水管路。

2)闭式冷却管路:闭式冷却管路是用淡水泵从淡水冷却器中吸出淡水,输入需要冷却的设备,然后回流到淡水冷却器,形成一个闭式循环冷却管路。淡水从高温部件带回的热量在淡水冷却器中由冷却海水带走。

闭式冷却管路的优点是冷却水质好,不会积垢堵塞冷却通道,工作可靠,可避免海水对管路系统的腐蚀,进出水温度可提高,减少被冷却部件的热应力。缺点是管路较开式冷却复杂,设备增多,相应增加维护保养工作量,但相比之下,闭式冷却在海洋渔船的优越性更明显,故很多原来用开式冷却的柴油机也改用闭式冷却。

9.3.3.2 冷却水管系的要求

(1)冷却水泵的配置应符合《规范》要求。

(2)闭式冷却管系应设膨胀水箱,目的是为了适应淡水在管路中的热胀冷缩,补充淡水、逸出水中空气和保持淡水泵有一定的吸入压头。膨胀水箱尽可能装高温报警装置。其注入管、空气管、溢流管、液位计及放泄阀应符合要求。

(3)冷却水管系的布置应能有效地调节进水温度。柴油机正常工作时,对冷却水温度有要求。

(4)海水冷却泵和海水箱之间的管路上应设滤器,其布置应保证在滤器检修时不致中断冷却水供应。

(5) 海水冷却泵海水吸口不少于 2 个,且尽可能在两舷按高低位布置。

(6) 冷却水泵的出口应设置压力表,必要时(工作时压力可能超过设计压力)应设置安全阀。

(7) 主机冷却水出口处应装观察窗。

9.3.4　压缩空气管系

9.3.4.1　压缩空气管系的作用

渔船压缩空气管系的主要用途是:

(1) 供柴油机启动、换向和离合;

(2) 吹洗海底阀;

(3) 鸣放汽笛、雾笛;

(4) 其他杂用。

9.3.4.2　压缩空气管系的要求

(1) 空气瓶和空压机的设置、空气瓶的制造应符合有关的规定。

(2) 如空气瓶内压力高于用气部件的许用应力,应装设减压阀。减压阀后应设压力表和安全阀。

(3) 每台空压机的排出管应直接接至每台起动空气瓶,在连接管路上应装设放气旋塞或卸载装置。

(4) 起动空气管路上应装止回装置。

(5) 空压机或空气管路上,应设分离气水的设备并在压缩空气管路上装放泄装置。

(6) 从空气瓶到主副柴油机的起动空气管路应与空压机的排出管路完全分开。

第3篇　渔船电气设备

第10章　船舶电力系统概述

10.1　船舶电力系统的组成

船舶电力系统主要是由电源、配电装置、电网与负载4部分组成,其单线图如图10－1所示。

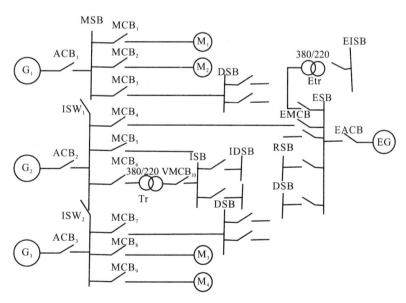

图 10－1　船舶电力系统简图

$G_{1,2,3}$－主发电机;EG－应急发电机;ACB－发电机主开关;EACB－应急发电机主开关;MSB－主配电板;
ESB－应急配电板;MCB_1－配电开关;M_1－电动机;DSB－分配电板;RSB－无线电分配电板;
EMCB－应急配电开关;ISW_1－隔离开关;ISB－照明配电板;EISB－应急照明配电板;IDSB－照明分配电板;
EDSB－应急分配电板;Tr－照明变压器;ETr－应急照明变压器

电源装置:是将机械能、化学能等能源转变成电能的装置。船上常用的电源装置是柴油发电机组和蓄电池组。

配电装置:配电装置是对电源和负荷进行分配、监视、测量、保护、转换、控制的装置。配电装置主要可分为主配电板、应急配电板、分配电板(动力、照明)、充放电板等。

电网:电网是输电部分,它是全船电缆电线的总称。电网是联系发电机、主配电板、分配电板和负荷的中间环节,是将电源的电能输送到负荷端的媒体。船舶电网根据其所连接的负荷性质可分为动力电网、照明电网、应急电网、低压电网、弱电电网等。

负载:船舶负载大体可分成舱室机械、甲板机械、船舶照明、通导设备及其他用电设施。

10.2　船舶电力系统的特点及对其基本要求

由于船舶是一个孤立的活动于海洋上的独立体,所以船舶电力系统与陆上电力系统相比有很大差异,主要有以下几个方面。

(1) 船舶电站容量较小:陆上电网容量一般为几百万至几千万千瓦,单机容量大多为数十万千瓦,而船舶发电机单机容量较小,一般不超过 1 000 kW。

由于船舶电站容量较小,而某些大负载容量可与单台发电机容量相比,所以当这样的负载启动时对电网将造成很大的冲击(电压、频率跌落均很大),因而对船舶电力系统的稳定性提出了较高的要求。如船用发电机调压器的动态特性与陆上发电机相比具有较高的指标要求,应有强行励磁的能力,发电机应能承受较大的过载能力。另外,由于船舶工况变动也较频繁,因此对自动控制装置的可靠性也提出了较高的要求。

(2) 船舶电网输电线路短:与陆上数千千米高压输电网络相比,船舶发电机端电压、电网电压、负荷电压是同一个电压等级,所以输配电装置较陆上系统简单。由于船舶容积的限制,电气设备比较集中,电网长度不大并都采用电缆,所以对发电机和电网的保护比陆上系统要简单,一般只设置有发电机过载及外部短路的保护,电网的保护和发电机的保护通常共用一套装置。

(3) 船舶电气设备工作环境恶劣:船舶电气设备工作条件比陆地恶劣得多,环境条件对电气设备的运行性能和工作寿命有严重影响。当环境温度高时,会造成电机出力不足,绝缘加速老化。相对湿度高则会使电气设备绝缘受潮、发胀、分层及变形等,使绝缘性能降低,并且会使金属部件加速腐蚀,镀层剥落。盐雾的存在、霉菌的生长和油雾及灰尘粘结都能使电气设备绝缘下降、工作性能受到影响。当船舶受到严重的冲击和振动时,也会造成电气设备损坏、接触不良或误动作。由此可见,船用电气设备必须满足"船用条件"的要求。

10.3　船舶电力系统的基本参数

船舶电力系统的基本参数是指电流种类(电制)、额定电压和额定频率的等级。它们决定了电站工作的可靠性和电气设备的重量、尺寸、价格等。

(1) 电制的选择:由于电源有直流电源与交流电源之分,因此船舶电力系统也相应有直流电力系统船舶与交流电力系统船舶,习惯上把它们称为直流船与交流船。在 20 世纪 50 年代以前所建造的船舶,极大部分是直流船,而后随着科学技术的发展,在 60 年代以后建造的船舶主要是交流船,70 年代后除特种工程船舶外,几乎都采用交流电力系统。

交流船舶的电气设备在维护、保养等方面工作量比直流船要少得多,且交流电机结构简单、体积小、重量轻、运行可靠,其相应控制设备也简单。当采用三相三线绝缘系统时,照明网络与动力网络没有电的直接联系,因此对地绝缘电阻低的照明网络基本上不影响动力网络。采用交流电制后,船舶的造价和维修费用也有明显的降低。

(2) 额定电压的选择:船舶电力系统额定电压的大小直接影响到电力系统中所有电气设备的重量和尺寸、价格等技术经济指标和人身安全问题。提高电压主要是使电缆网络的重量和外形尺寸减少,对电力系统中的其他元件的重量、尺寸特性影响并不大。可是电压的提高对电气设备的绝缘和安全方面也提出了更高的要求,因此船舶建造时选择额定电压主要考虑是与本国陆上低压电网额定电压相一致。

我国交流船舶主电网额定电压为 380 V;照明负载为 220 V;直流船舶的额定电压为 220 V 或 110 V。电源额定电压约比电网电压高 5%,如发电机为 400 V,照明变压器为 230 V。国外建造的交流船舶电网电压有 440 V 的。

随着船舶用电量的增加,发电机的总装机容量和单机容量也大大增加,低压电压等级已不能满足要求,因此,出现了中压电力系统,如某些商船上已采用了 3.3 kV 的电力系统。

(3) 额定频率的选择:交流船舶电力系统的额定频率选用陆上的标准等级,有 50 Hz 与 60 Hz 两种标准。我国采用的频率为 50 Hz,一些国家如日本、美国等采用 60 Hz 的频率标准。

第 11 章　船舶供配电设备

11.1　主电源和应急电源

船舶电源包括主电源和应急电源,是船舶电气系统的心脏,由它发出的电能供全船用电设备使用。

11.1.1　主电源

它由主发电机组组成,即经常投入工作的发电机组。根据情况发电机组之间可以并联运行。为了维护管理简便,在一条船上,发电机组的型式、型号和容量多采用相同的。现代船舶用得最普遍的是柴油发电机组。

发电机可以是交流的。交流发电机都采用三相同步发电机,励磁系统多采用自励恒压。

发电机也可以是直流的。直流发电机一般采用积复励式发电机。

11.1.1.1　主电源的配备

任何一条渔船都装备许多用电设备,但所有的用电设备不一定长期工作或同时工作,所以配备主电源时应满足下列要求:

(1) 主电源应至少由 2 台发电机组组成,其中 1 台可采用主机驱动。也可采用等效的其他电源装置。

(2) 这些发电机组的台数和容量,应能在任一发电机组停止工作时,仍能继续对正常推进、船舶安全及其他必需的设备供电。

(3) 发电机组应能在任一发电机组或原动机停止工作时,其余发电机组应仍能提供从瘫船状态起动主推进装置所必需的电力。

(4) 在交流系统中,当 1 台发电机组停止工作时,其余机组应有足够的储备容量,以使当最大电动机起动时所导致的系统电压的大幅度降落,不会使任何电机失速、使任何其他设备失效。

(5) 在船舶各种工况下,接近恒速运转的主机驱动的发电机,若在任一非轴带发电机发生故障时,仍能起动推进机械并维持其运转,才可作为主电源的组成部分。

(6) 若变压器作为构成主电源供电系统的必要部分时,其容量和台数应能在其中 1 台停止工作时,其余的仍能保证所要求的系统供电的连续性。

(7) 考虑同时使用系数后的用电设备耗电总功率小于 20 kW 及为主机服务的各种辅机、舵机油泵如可由主机驱动时,则可仅设 1 台发电机组。

(8) 如果船舶推进必须依靠主电源,且主发电机的总容量超过 400 kW,则汇流排应至少分成 2 个独立的分段,这些分段应由断路器或认可的其他器件加以连接,并尽可能将发电机和其他双套设备均分地连接于这些分段上。

11.1.1.2　主电源的布置和安装

(1) 主配电板相对于 1 个主发电机的位置,应尽可能具有正常供电的完整性,并使其只有在同一处所发生火灾或其他事故时才会受到影响。

（2）配电板的后面和上方不应有水、油及蒸汽管、油柜以及其他液体容器,若不可避免时,则应采取有效措施加以防护。

（3）主配电板的前后应有足够的宽度作为通道。前面至少应有 0.8 m,后面至少应有 0.6 m。若配电板的结构型式可以在前面和侧面进行维护检查和更换部件时,允许不设后通道。

（4）除安装在集控室中的主配电板外,均应在其后通道的入口处安装带锁的门。当主配电板长度大于 4 m 时,主配电板后通道的两端均应设门。

（5）主配电板的前后均应铺有防滑地毯或经绝缘处理的木格栅。

11.1.2　应急电源

应急电源的作用是当主电源因故不能继续正常供电时,向应急配电板,并通过应急配电板向安全所必需的应急设备供电。

船舶应急电源可采用发电机组和蓄电池组。当应急电源为发电机组时,还应设有作为临时应急电源用的蓄电池组,即临时应急电源。用来保证当应急发电机组在起动过程或因故不能供电时,向最重要的用电设备(如通信和照明)供电。前者称大应急电源,后者称小应急电源。

11.1.2.1　应急电源的配备

船长不小于 45 m 的船舶均应设应急电源:

（1）对应急发电机组作为应急电源的要求:

1）由 1 套具有独立冷却装置和燃料供给设备,并设有符合规定的起动装置的柴油机驱动装置。

2）柴油机所用燃油的闪点不低于 43℃。

3）电源供电失效时,应能自动起动并自动连接于应急配电板,最多不超过 45 s 向应急负载供电。

（2）对蓄电池组作为应急电源的要求:

1）能在承载应急负载的情况下而不必再充电,在整个放电期间蓄电池组电压变化应在其额定值的 ±12% 之内。

2）电源供电失效时,应能自动连接于应急配电板。

3）设有指示器指示应急电源正在供电。

（3）临时应急电源应满足的要求:

1）能承载应急负载而不必再充电。

2）在整个放电期间蓄电池组的电压变化应在额定电压的 ±12% 之内。

3）当主电源或应急电源失效时,能立即自动向规定的应急负载供电。

4）在主配电板或机器控制室内的适当地点设指示器,以指示其正在供电。

11.1.2.2　应急电源的布置和安装

（1）应急电源为发电机组时,应急发电机组与应急配电板应安装在同一处所。

（2）应急电源为蓄电池组时,蓄电池组与应急配电板不应安装在同一处所。

（3）应急配电板的前后通道等的要求可参照主配电板的规定。

（4）应急电源连同其变换装置、临时应急电源、应急配电板、应急照明配电板等,均应安装在最高一层连续甲板以上易于从露天甲板到达之处,且不应安装在防撞仓壁之前。

11.1.2.3 应急电源的供电范围

(1) 航行灯及国际海上避碰规则所规定的其他各种信号灯。

(2) 白昼信号探照灯及无线电测向仪、无线电台(按国际航行要求)。

(3) 各通道、楼梯出口处的应急照明,每个登艇处的甲板和舷外应急照明;救生艇、筏及救生浮储存处的照明。

(4) 机舱主机操纵台、锅炉水位表、气压表、总配电板前、应急发电机室、舵机等处照明。

(5) 驾驶室、海图室、无线电室、消防设备控制站等处照明。

(6) 船员公共舱室的照明。

(7) 紧急集合报警装置。

(8) 电动应急消防泵和固定式潜水舱底泵等。

11.1.2.4 应急电源与主电源的连锁关系

应急配电板由独立馈线经联络开关与主配电板连接,可看作是主电网的一个组成部分。应急电网平时可由主配电板供电,只有当主电源失电时,联络开关才自动断开,由应急发电机组独立供电。

(1) 应急电源与主电源之间的电气连锁:为防止发生应急电源和主电源非同步并联投入供电,故要求在应急发电机和主发电机之间应有连锁控制环节,即当主发电机正常供电时,自动断开应急发电机的自动起动电路,使应急发电机不能自动起动运行。一旦主电网失电,应急发电机组的自动起动装置经延时确认是持续断电,则在 30 s 内应急发电机自动起动,并自动合闸投入供电。并禁止通过联络开关向主配电板供电,因此只有联络开关处于断开状态应急发电机的自动开关才能合上闸。当主发电机恢复供电时,应急发电机自动跳闸,然后自动(或手动)停机。

(2) 应急电源与主发电机、应急发电机之间的连锁关系:当主电源失电,小应急立即自动投入向小应急照明供电,直至应急发电机组投入供电或主发电机恢复供电时小应急自动退出。

11.1.3 备用电源

船长小于 45 m 的船舶,如果不设本章所要求的应急电源,均应设有独立的备用电源。备用电源应为符合下列要求的蓄电池组:

(1) 不应与主电源在同一处所内,并尽可能安装在最高一层连续甲板以上。

(2) 符合以下几点要求:

1) 在承载应急负载的情况下而不必再充电,在整个放电期间蓄电池组电压变化应在其额定值的 ±12% 之内;

2) 电源供电失效时,应能自动连接于应急配电板;

3) 应急发电机及其原动机和任何应急蓄电池组应设计和布置成在船舶正浮和横倾达 22.5°,或纵倾达 10°,或在这些范围内出现任何组合的倾斜角度时,保证它们都仍能以额定功率工作。

(3) 应能立即对下列各项设备供电:

1)《渔业船舶法定检验规则》(2000)(以下简称《法定规则》)第 9 章所要求的航行灯和其他信号灯;

2)《法定规则》第 10 章所要求的无线电通信设备;

3) 所有在紧急状态下需要的船内通信设备;

4) 探火和火灾报警系统;

5) 断续使用的白昼信号灯、船舶号笛、手动失火报警按钮和所有在紧急状态下需要的船内信号设备(例如通用紧急报警系统,灭火剂施放预告报警器等);

6) 应急消防泵(设有时)。

以上 3)至 5)项所列各项设备,如具有安装在适当位置,能按规定的时间供电的独立蓄电池组供应紧急状态下使用者,则可除外。

(4) 备用电源的容量应满足对以下设备供电至少 3 h:

1) 登乘救生艇、筏的集合地点,登乘地点及舷外(可用其他方法保证),所有走廊、楼道和出口、主配电板、备用电源所在处以及控制站的照明;

2)《法定规则》第 9 章所要求的航行灯和其他信号灯;

3)《法定规则》第 10 章所要求的无线电通信设备(已有独立备用电源除外);

4) 在紧急状态下需要使用的船内通信设备。

11.1.4　发电机组

11.1.4.1　发电机的保护

(1) 发电机的过载保护:电站运行中,如果出现发电机容量不能满足负载的要求或并联运行的机组负载分配不均等情况,都可能造成发电机过载。过载的表现,不是电流过载就是功率过载。对发电机而言为电流过载,功率过载是对原动机而言的。长期的电流过载会使发电机过热引起绝缘老化和损坏;长期的功率过载会导致原动机的寿命缩短和部件损坏。

发电机过载保护按规定应满足下列要求:

1) 过载小于 10%,建议设制带延时的音响报警装置,其最大整定值应为发电机额定电流的 1.1 倍,延时时间不超过 15 min。

2) 过载 10%~50%之间,经少于 2 min 的延时断路器就分断,建议整定值为发电机额定电流的 125%~135%,延时 15~30 s 断路器分断。发电机过载保护一般是由框架式自动空气断路器中过流脱扣器来实现。

(2) 发电机的外部短路保护:发生短路的原因不外乎是导线绝缘老化、受机械及生物(如老鼠)的损伤、误操作、维护不周及导电物品不慎掉在裸导体或汇流排上所造成。短路时产生的短路电流,对电力系统的设备和运行有巨大的破坏作用,因此要求保护装置要正确、可靠、快速而有选择性地断开故障点。

通常在发电机较远处短路时,短路电流相对较小,这时希望负载开关动作,而不是发电机主开关动作使船舶电网中断供电,故主开关需有一短暂延时时间以避开负载开关的动作。当短路发生在发电机近端时,会产生巨大短路电流,这时必须立即切断发电机的供电电路,故保护装置应瞬时动作。

对发电机外部短路保护按规定应满足下列要求:

1) 通过电流大于 50%,但小于发电机的稳态短路电流,经与系统选择性保护所要求的短暂延时后断路器应分断。

2) 短路保护动作值为发电机额定电流的 200%~250%,延时时间为 0.4 s。

发电机外部短路保护一般也是由框架式自动空气断路器中过流脱扣器来实现。

(3) 发电机的欠压保护:当调压器失灵或发电机外部短路故障尚未切除时或发生严重欠频时,均将可能产生电压下降的情况。

发电机在欠压情况下运行将引起电动机电流增加,电动机转矩下降,从而导致电机发热、绝缘老化损坏,这对发电机本身和电动机的运行等都是不利的。

发电机欠压保护的任务就是当发电机电压低于一定值时,将使发电机主开关合不上闸或从电网上自动断开。欠压保护实际上还是一种短路保护的后备保护,因为短路时必定会发生欠压现象。

系统中如有大电动机起动或突加较大负荷时,也可能引起电压的下降,这属于暂时的正常现象;欠压保护不应动作,所以欠压保护同样需要有延时。

对发电机的欠压保护按规定应满足下列要求:

1)用于避免发电机不发电时闭合断路器应瞬时动作。

2)当电压降至额定电压的 70% ~35% 时,应经系统选择性保护要求的延时后动作。延时时间一般整定在 1.5~3 s。

发电机欠压保护主要是由框架式自动空气断路器中失压脱扣器来承担。

(4)发电机的逆功率保护:同步发电机的逆功率运行,是指该同步发电机不是发出有功功率,而是从电网吸收有功功率。同步发电机出现逆功率运行的原因是,当几台同步发电机并联运行时,若其中 1 台发电机的原动机发生故障,例如燃油中断或发电机与原动机的联轴节损坏等,将使该台发电机不但不能输出有功功率,反而从电网吸收功率即成为同步电动机运行。出现这种情况时可能会使并联运行中的其他发电机发生过载。

当同步发电机并车操作时,若待并机在负差频下或滞后相位差下合闸时,这时待并机组在并车瞬间会出现逆功率,这是允许的,此时的逆功率保护不应动作。因此逆功率保护同样需要有一定的延时时间。

对发电机的逆功率保护按规定应满足下列要求:

1)逆功率保护具有一定的时限性。

2)原动机为柴油机时逆功率整定值在额定功率 4% ~15% 区间,原动机为汽轮机时逆功率整定值在额定功率 1% ~6% 区间,时间一般整定在 3 s。

11.1.4.2 发电机的电压调整特性

(1)静态电压调整特性:在负载逐渐变化的条件下,以稳态电压为考核依据的调压特性。

1)直流发电机组:为了保证良好的电压调整系统,除充电发电机外,直流发电机的励磁形式一般采用复励式或带有自动电压调正器的并励或稳定并励式。其电压调正特性在考虑了原动机调速特性的情况下,复励直流发动机在热态下电压负载特性为:当负载为发电机额定功率的 20% 时,使发电机的电压偏差在额定电压的 1% 之内,当负载为满载时,其电压偏差应为额定电压的 2.5% 之内;在 20% 负载与满载之间,电压负载特性上升曲线和下降曲线的平均曲线与额定电压的偏差应不大于 4%。

2)交流发电机组:在调速特性满足现行规范有关要求的原动机驱动的交流发电机连同其励磁系统,应能在负载自空载至额定负载范围内,其功率因数为额定值(一般为 0.8)情况下,保持其稳态电压变化值在额定电压的 ±2.5% 之内;应急发电机允许为 ±3.5% 之内。

这里应该注意的是:虽然要求是在额定功率因数下的调压特性,但在实船试验时,可根据实际情况,按功率因数 1 来考核。

(2)动态电压调整特性:在突加或突卸规定的负载情况下,以瞬态电压变化和恢复时间进行考核的电压调整特性称为动态电压调整特性。

由于船上一般使用感性异步电动机,起动电流较大,起动过程中功率因数又较低,对交流同步发电机有较大的去磁作用。但对直流发电机来说,由于采用串接起动电阻限制起动电流,故起动电流较小,因此仅对交发电机的动态电压调整特性提出考核要求。

交流发电机在负载为空载、转速为额定转速,电压接近额定值的情况下,突加和突卸 60% 额定电流及功率因数不超过 0.4(滞后)的对称负载时,当电压跌落时,其瞬态电压值应不低于额定电压的 85%,当电压上升时,其瞬态电压值不应超过额定电压的 120%,而电压恢复到与最后稳定值相差 3% 以内所需的时间应不超过 1.5 s。

11.1.4.3　发电机组调速器特性

在系泊试验时,应对发电机组原动机进行调速器特性试验,现以柴油发电机组为例作以下介绍:

当突然卸去额定负载时,其瞬态调速率不大于额定转速的 10%;稳态调速率不大于额定转速的 5%。

当在空载状态下突加 50% 额定负载,稳定后再加上余下的 50% 负荷,其瞬态调速率不大于额定转速的 10%,稳态调速率不大于额定转速的 5%;稳定时间(即转速恢复波动功率为 ±1% 范围的时间)不超过 5 s。

11.1.4.4　发电机组的并联运行

由于船舶经常处于不同的工作状态,例如锚泊、装卸货、靠离码头等,使船舶发电站所承担的负载功率变化很大。为了使发电机组既经济地高效率运行,又满足负载变化和安全航行的需要,需根据具体情况,投入数目不同的发电机组。1 台发电机运行供电,称为单机运行;2 台或 2 台以上的发电机同时接到母线上运行,共同向负载供电;称为并联运行。

(1) 同步发电机并联运行的条件:当同步发电机并联合闸时,要求对待并机和运行机所产生的电流和力矩的冲击最小,对电网电压和频率的扰动最小。否则,不但达不到预期目的,甚至可能会造成全船停电或损坏机组等事故。因此,必须满足下述条件时才能合闸,即:1) 待并机的电压与运行机(电网)的电压大小相等;2) 待并机的频率与运行机(电网)的频率相等;3) 待并机电压的初始相位与电网电压的初始相位一致;4) 待并机电压相序与电网电压的相序一致。

其中第 1)点,因船舶多采用自励恒压装置或稳压装置,故多数情况只须注意检查起压和电压偏差(通过配电板上的电压表检测),并不需要每次调整。

第 4)点,是指第一次试车或经过拆线检修后,必须经过相序校核,平时并车并不需要检查。

所以,实际在并车合闸前需要仔细调整和操作的只有频率和相位这两点。

(2) 同步发电机手动准同步并车操作方法(简称并车方法):检查和调整待并发电机的电压和频率,使之满足并车的条件,并进行合闸,称准同步并车法。如果上述过程是靠操作人员观察判断来操作。就称为手动准同步并车。如果是靠自动装置来完成,就称为自动准同步并车。

为了缩短合闸前调整时间,及时合闸,要尽量减小冲击电流,以免掉闸,通常调整到:电压差不大于额定电压的 ±10%;频率差控制在 ±0.5 Hz 以内;相位差要小于 ±15°。这样,虽然发电机之间产生冲击电流,但它在允许范围内,并且只要操作正确,它能帮助在并车时将其拉入同步。

机组间的频率是否一致可通过配电板上的频率表进行检测。若频差太大,可通过配电板上的调速控制器调节待并发电机原动机的进油量,即改变原动机转速使之与电网的频率接近。

要检测同步合闸相位条件,须用同步指示设备。常用的有同步表法和同步指示灯法。按指示灯的连接方法。又分为灯光明暗法和灯光旋转法。

1) 同步表法:采用同步指示灯进行并车的方法虽然比较简单方便,但因观察灯泡亮暗变化很不准确。所以几乎所有船舶都采用同步表(或称整步表)进行准同步手动并车,而同步指示灯只作为一种辅助并车指示。

同步表的指针以待并机与电网之频差而旋转,频差愈大,指针旋转得愈快;指针离开表盘上同相位点标记(表盘中点的红点)的角度大小,反映待并机与电网电压相位差的大小;指针旋转的方向(表盘上的"快"、"慢"方向的指示箭头)表示待并机的频率比电网频率高或低。通常指针顺时针旋转(向"快"方向的指示箭头),是表示待并机频率比电网的频率高,必须操作"调速控制"旋钮,使待并机减速;当指针逆时针旋转(向"慢"方向的指示箭头),是表示将并机低于电网频率,必须反向调整"调速控制"旋钮,使待并机加速。

并车时,为了避免待并机低速并车可能发生逆功而掉闸,通常是将待并机频率调整到高于电网电压频率,也就是同步表指针顺时针方向旋转。然后再调整频率差,使同步表每转一周在 3~5 s 之间,合闸前要观察同步表的指针,当指针转到接近表盘中的红点(同相位点标记)处,应抓紧时机立即合闸。应注意,主开关动作需一定的时间,所以合闸应适当提前一个角度。并车完毕后,应立即切断同步表,以免损坏。因为同步表为短时工作制,连续工作时间不得在 15 min 以上。

2) 灯光明暗法(或灯光熄灭法):图 11-1 为其接线原理图。3 盏额定值相同的指示灯 L_1、L_2、L_3 的两端分别接到发电机和电网的对应相上,这样,每盏指示灯两端的电压就是每一对应相的电压差。当二者同相位时,指示灯熄灭,说明满足合闸条件。当电压、频率和相位不一致时,在主开关 QF 两端就会出现电压差,使指示灯变亮。由于灯泡两端电压是随相位差变化的,所以 3 盏指示灯将随着相位差的变化而同时忽亮忽暗。频差愈大,灯亮暗的速度就愈快;频差愈小,其亮暗的速度就愈慢。当指示灯同时熄灭时,正是满足合闸条件的时刻,也就是合闸的时刻。

当调整同步发电机的转速,使指示灯 3~5 s 亮暗一次(即频差为 0.33~0.2 Hz)就可以了。

频差调好后,就要集中精力准备在同相位时合闸。应指出,一般灯泡在电压降到额定值的 30%~50% 时就已经熄灭。因此,在操作前,应观察和熟悉指示灯暗区的时间长短,以便恰好在暗区的中心(即在同相位点)时合闸。

顺便指出,当相序不一致时,三盏指示灯将不是同时亮暗,而是轮流亮暗。出现上述情况时,应首先核对相序。若相序无误,则说明指示灯接线错误,接成了灯光旋转法而不是灯光明暗法。

3) 灯光旋转法:图 11-2 示出其接线原理。指示灯采用交叉接法。A 接 A,B 接 C,C 接 B。在 3 盏指示灯中,1 盏是(L_1)跨接在同相线端,称为顺接,另 2 盏是交叉连接在另两相间,称为灯光旋转法,即 3 盏灯轮流明暗。

灯光旋转的快慢表示频差的大小。一般调整到使指示灯 3~5 s 旋转 1 次就可以了。

当同相灯(即顺接)熄灭时,其余 2 灯同样亮,表示两电压同相位,即为合闸时刻。在操作时,同样应注意指示灯暗区时间。

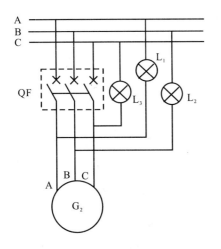

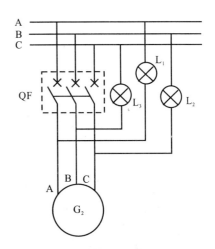

图 11-1　灯光明暗法接线图　　　　　　　图 11-2　灯光旋转法接线图

　　同样,如果指示灯接线正确,当出现 3 盏灯同时明暗现象时,说明相序错误。此法的优点是不仅能告诉我们相位差和频差的大小,而且还能告诉我们待并机的频率是高,还是低。若如图示接线,当待并机频率高时,出现灯光熄灭的次序是 $L_1 \rightarrow L_2 \rightarrow L_3 \rightarrow L_1$,当待并机频率低时,灯光熄灭的次序将改为 $L_1 \rightarrow L_3 \rightarrow L_2 \rightarrow L_1$。

　　(3) 同步发电机手动粗同步并车法:手动准同步并车操作费时间,调整也困难,对操作技术要求较高。在船舶交流化发展的初期阶段,长期工作于直流船舶的工作人员对交流电很不熟悉,经常发生由于并车操作不当而使并车失败或造成全船断电,因而出现了粗同步并车法。

　　手动粗同步并车的示意图如图 11-3 所示。

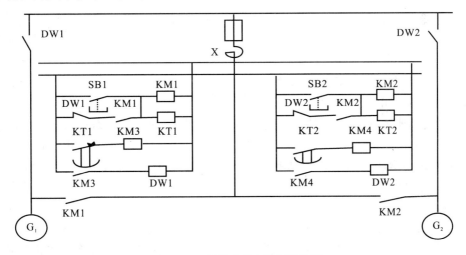

图 11-3　粗同步并车控制线路图

　　这种并车操作步骤与手动准同步并车法基本相同,就是待并机起压后,将待并机作粗略地调整,使并车条件大致满足(电压差小于 $\pm 10\%$ 、频差小于 $1 \sim 1.5\ \mathrm{Hz}$ 、相位差小于 $180°$)时,将待并机先串联电抗器 X,再与电网接通,以限制发电机由于并车条件不十分满足所产生的冲击电流(通常限制在发电机额定电流的 1.2～1.8 倍),延迟一定时间后(一般为 6～8 s),待冲击电流减小时,将主开关合闸,同时切除电抗器 X(因它也是短时间工作制)。这种操作方法,对电压、频率的调整要求不是很严格的,因此操作简便、可靠。

粗同步并车时,虽有电抗器 X 限制了冲击电流,使并车条件要求不高。但为了并车更迅速可靠,同时也为了减少冲击电流、转矩及对电网电压和频率的扰动,因此,即使是采用粗同步并车,也最好还是在频差小于 0.5 Hz、相位差小于 90°时与电抗器接通,以提高并车的成功率。

(4) 同步发电机并车后负载的分配与转移:当待并机按照准同步条件并车后,发电机实际没有输出电流或很小,处于空载状态。为了使所有并联运行发电机的输出功率按发电机容量比例合理分配,合闸后必须及时进行负载转移。

并联运行的同步发电机之间功率的分配,分为无功功率和有功功率两部分。对同容量发电机而言,经负载转移后,使并联运行的发电机输出的无功功率和有功功率相等。

1) 无功功率的转移:改变发电机的电动势可以改变发电机的无功功率,而电动势大小的改变,则是通过改变发电机的励磁电流表实现的。无功功率的变化可通过千乏表或功率因数(cosφ)表检测,即功率因数低的,无功功率大。反之则相反。

具体操作方法是,为了保证电网电压不变,将功率因数低的发电机(运行机)的励磁电流减小,与此同时,增大功率因数高的发电机(待并机)的励磁电流。这样就可以使 2 台发电机的功率因数趋于一致,即无功功率相等。

调节励磁电流不能改变并联运行发电机的有功功率,只能够在总负载功率因数不变的情况下改变并联发电机本身的功率因数。在操作时必须同时进行,否则将使电网电压波动。因此,无功功率的调整直接与电网电压相关联。

实际上,现代船舶同步发电机都有自动励磁或无功电流自动分配装置,一般不需要单独进行无功功率转移的操作。

对同容量并联的发电机,为了使它们在负载变化时,保证无功分配稳定和按比例分配,通常它们的励磁绕组采用均压线连接。这就保证了各发电机的励磁电压和励磁电流总是相等的,使无功功率分配均匀并保持稳定。

2) 有功功率的转移:并联运行的发电机,如果转移负载而使其重新分配,则必须改变原动机输入的功率,即发电机有功功率的改变是依靠改变发电机原动机的转矩来实现的。通常都是利用原动机调速设备来控制燃油的输入量,从而达到分配和转移负载的目的。

具体操作方法是:将刚投入并联机组(待并机)的调速控制器向"加速"方向操纵,加大油门,使原动机出力增加;发电机输出功率增加;与此同时,将原运行机组的调速控制器向"减速"方向操纵,减小油门,使原动机的出力减小,发电机输出功率减小。这样就可使 2 台发电机功率相等(可通过功率表检测)。

强调在操作时必须同时是为了在负载转移过程中保持电网频率不变。如果单独加大 1 台机组的油门,使其输出功率增加,由于负载总功率没有增加,结果必使 2 台发电机的转速比原来高,电网频率将上升。因此,有功功率的调整直接与电网频率相关联。在操作时,应边操作边观察 2 台机组的功率表读数及电网频率的变化情况。

3) 解列:使发电机退出并联运行的操作,称为解列。

当发电机输出功率较大时,应避免直接将发电机的自动开关断开进行解列。这样做,就等于将被解列发电机的负载突然加在运行机上,使其受到很大的冲击力矩,并使转速和电网频率瞬时波动很大。同时,对解列的机组来说,是突然卸掉负载,但油门没有关小,原动机转速会突然增高,使部件损伤。

因此,解列时应首先转移负载,将被解列机的负载全部转移给运行机后,再按下脱扣按钮,使其开关分闸。所以解列操作过程是并车后负载转移过程的逆过程。

(5)发电机组并联运行的相关规定:为了获得满意的并联运行,现行《规范》作了如下规定:

发电机组应稳定的并联运行,不出现负载相互拉来拉去的振荡现象。

当负载在 20%～100% 额定负载范围内,并联运行中各发电机所承担的实际负载与总负载按机组额定功率比例分配值之差应不超过;

1)直流发电机组:

①最大机组额定功率的 ±12%;

②当最小发电机组的额定功率小于最大机组额定功率的 50% 时,为最小机组额定功率的 ±25%,且这样负载分配应不引起较小机组过载运行。

2)交流发电机组:各机组所承担的有功负载与总负载按机组定额比例分配之差,应不超过下列数值中的较小者:

①最大机组额定有功功率的 ±15%;

②各个机组额定有功功率的 ±25%。

各机组所承担的无功负载与总无功负载按机组定额比例分配值之差,应不超过下列数值中的较小者:

①最大机组额定无功功率的 ±10%;

②最小机组额定无功功率的 ±25%。

无功分配误差一般在发电机出厂试验中进行考核,在船舶系舶试验时,一般不进行此项试验。

11.1.5　蓄电池组

11.1.5.1　一般规定

(1)蓄电池组应设有适当的充电设备。

(2)蓄电池组的自动放电装置,不论其在充电与否,均能随时向应急电路供电。

(3)在直流系统中,当由较高电压系统充电时,应设有使蓄电池组与低压系统隔离的措施。

(4)酸性蓄电池标准的放电时间为 10 h,在小于标准放电时间放电时,其容量会相对降低。

(5)蓄电池的电介液有很强的腐蚀性,酸性蓄电池充电时会放出氢气,这是检验中应特别注意的。

11.1.5.2　蓄电池的布置和安装

现行《规范》对蓄电池的布置和安装作了如下规定:

(1)除认可的密封式结构者外,蓄电池组不得安放在生活区域内。

(2)充电功率大于 2 kW 的蓄电池组,应放在专用的仓室内,也可以安放在露天甲板的专用箱或柜内。

(3)充电功率小于和等于 2 kW 的蓄电池组可以安放在专用的箱或柜内。在机舱内若条件不允许,则可敞开安放在通风良好的地方。

(4) 酸性与碱性蓄电池不能安放在同一舱室、箱或柜内。

(5) 每只蓄电池的周围间隙应大于 20 mm,并用不吸潮、耐电介液腐蚀的绝缘材料楔隔、衬垫和固定。并应采取措施以防止漏出的电介液与船体接触。

(6) 蓄电池组的安放应便于更换、检测、充液和清洁。

(7) 原动机起动用蓄电池应尽可能接近该原动机安放;若此蓄电池不能安放在蓄电池室内,则其安装处所应通风良好。

(8) 应急电源(包括临时应急电源)用蓄电池组安装位置应符合现行《规范》的有关要求。

11.2　船舶配电装置

所谓配电装置,就是用来接受和分配电能的电气装置,其中包含开关电器、保护电器、自动化设备、测量仪表、连接母线和其他辅助设备。具有对电力系统进行控制、测量、保护和调整等功能。

11.2.1　船舶配电装置分类

主配电板:用来控制和监视主发电机的工作,并对全船电网进行配电。

应急配电板:用来控制和监视应急发电机的工作,并对应急电网进行配电。

充放电板:用来控制和监视充电设备,对蓄电池进行充放电以及对低压电网进行配电。

岸电箱:船舶停靠码头或厂修时接岸电用。

分配电箱:向成组的用电设备进行配电。按用电性质可分为电力、照明、无线电、通信导航等多种不同的类型。

11.2.2　船舶主配电板

船舶主配电板一般由发电机控制屏、负载屏、并车屏、汇流排(母线)组成。

11.2.2.1　主配电板的功能

(1) 根据需要接通或断开电路(手动或自动)。

(2) 当电力系统发生故障时,保护装置能按要求动作,切除故障设备或网络,或发出报警信号。

(3) 测量和显示运行中个各电气参数,如电压、电流、功率、功率因数等。

(4) 能对电站的电压、频率以及并联运行的各发电机组的有功、无功功率进行调整。

(5) 能对电路状态、开关状态以及偏离正常工作状态进行信号显示。

11.2.2.2　发电机控制屏

发电机控制屏主要是由测量仪表及其转换开关、指示灯、发电机主开关、发电机继电保护装置、调速开关、发电机励磁装置等部分组成。

测量仪表及其转换开关一般位于发电机控制屏的上部面板上。通过电流表和转换开关可以测量发电机任意一相的电流,通过电压表和转换开关可以测量发电机任意两线间电压。另外通过频率表、功率表、功率因数表分别各自测量发电机的频率、功率及功率因数值。

发电机主开关、合(分)闸按钮、调速开关(按钮)、信号指示灯一般位于发电机控制屏的中部,便于操作的地方。发电机主开关通常均采用框架式自动空气断路器。

发电机控制屏上指示灯主要有指示发电机组状况的红、绿指示灯。某些船舶还装有黄色指示灯。

红色指示灯:发电机组启动成功但未合闸时指示灯亮。

绿色指示灯:发电机主开关合闸供电指示灯亮。

黄色指示灯:发电机组启动建压成功主开关已储能指示灯亮,主开关合闸指示灯熄灭。

主配电板发电机控制屏上主开关(框架式自动空气断路器)主要用于接通与断开发电机主电路,对发电机过载、短路、失欠压进行保护。

发电机励磁装置、继电保护装置一般位于控制屏的下部。

11.2.2.3　负载屏

普通负载屏主要是由配电开关、熔断器、部分还有电流表及其转换开关组成;对于组合控制屏类的负载屏主要是由配电开关、负载启动继电——接触控制装置、启动与停止按钮、指示灯、熔断器等部分组成。

负载屏上配电开关大多采用的是塑壳式自动空气断路器,某些船舶对一些大负载或重要负荷也有采用框架式自动空气断路器的。

照明配电屏上除配电开关等电器外,其上部一般还装有电压表、电流表、配电板式兆欧表及各自转换开关等电器,分别用以测量照明网络的线电压与线电流及动力电网、照明电网对地的绝缘电阻。

11.2.2.4　并车屏

并车屏主要是由频率表(电网、待并机)、同步表与同步指示灯及其转换开关、调速开关(按钮)、合(分)闸按钮等部分组成。在这一屏上可以对任意一台发电机组进行调速、投入电网、切除等操作。电站自动化装置也有装设在并车屏的中下部的(通常自动化装置与主配电板是同一公司的产品)。

没有并车屏的主配电板,一般将同步表、同步指示灯及其转换开关装设在中间一块发电机控制屏上。

11.2.2.5　汇流排

汇流排及其连接件是铜质材料制作的,最大允许温升为45℃。

交流汇流排的颜色:第 1 相为绿色,第 2 相为黄色,第 3 相为褐色或紫色,中性线为浅蓝色。

11.2.3　配电板的结构和安装要求

11.2.3.1　配电板的结构要求

(1)配电板的防护等级应与装设环境相适应。

(2)对地电压或工作电压大于 50 V 者应采用屏蔽型电板。

(3)主配电板的前后设有坚固的绝缘手柄。若配电板的后面是开启的,则其后面的绝缘扶手必须水平安装。

(4)防护外壳均应以滞燃、耐潮的材料制成,具有坚固的结构。

(5)配电板上的仪表、开关等装置均应有标明其用途及操作位置的耐久铭牌,这些铭牌应以滞燃材料制成。

(6)对于绝缘配电系统,在配电板上应设置指示对地绝缘的兆欧表或指示灯或连续监视对地绝缘电阻的装置。发电机控制屏应设有指示发电机自动开关通断的指示灯,应按规定设置调压设备、原动机转速遥控设备,充磁装置等;并应按现在要求设置必须的测量仪表。

(7)绝缘部件的加工表面应平整无缺,加工后需进行绝缘浸渍处理。

11.2.3.2 配电板的安装要求

（1）易于接近其内部安装的电器或设备。

（2）配电板的两侧和背面必要时包括前面均应有适当的防护。

（3）对地电压或工作电压大于 50 V 的裸露带电部分不应安装在面板上。

（4）必要时应在配电板的前后铺设防滑和耐油的绝缘地毯或绝缘格栅。

11.3 船舶电网

11.3.1 船舶电网的组成、制式及分类

11.3.1.1 船舶电网的组成

由船舶电缆、导线和配电装置以一定的连接方式组成的整体,称为船舶电网。发电机产生的电能通过船舶电网分配给各处的用电设备。通常把主配电板与分配电板之间的网络称为一次配电网络,而分配电板到各用电设备之间的网络称为二次配电网络。

11.3.1.2 电网的制式

船舶交流电网有 3 种线制,即三相绝缘的三相三线制系统、中性点接地的三相四线制系统、以船体为中线回路的中性点接地的三相三线系统,如图 11 - 4 所示。

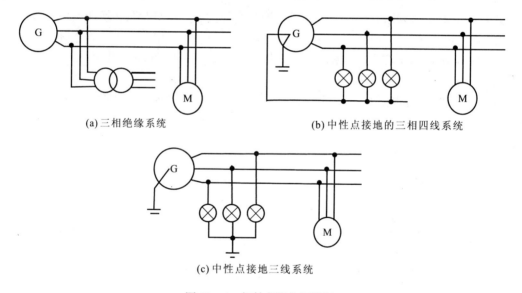

(a)三相绝缘系统 　　　　　　　　(b)中性点接地的三相四线系统

(c)中性点接地三线系统

图 11 - 4 船舶交流电网线制

大多数船舶采用中性点不接地的三相三线制系统。这种系统供电安全可靠,因为动力与照明系统经变压器隔离,两者之间没有直接电的联接,相互影响小。特别是易出绝缘故障的照明系统对动力系统的影响大为减小。同时,发生单相接地时不会产生短路电流而跳闸,也不影响 3 个线电压的对称关系,能最大限度地保持连续供电。

11.3.1.3 船舶电网的分类

（1）动力电网:供给电动机负载和大的电热负载的供电网络。负载可由主配电板、分配电板或分电箱供电。

（2）正常照明电网：由主变压器供电的照明网络。可通过主配电板的照明负载屏供电给照明分配电板、分电箱到照明灯具。

（3）大应急电网：主电网失电时的应急供电网络。它向特别重要的辅机、应急照明、各种信号灯以及通信和导航设备供电。在正常情况下，应急电网可通过联络开关由主配电板供电。

（4）小应急电网：由 24 V 蓄电池组供电的网络。向小应急照明、主机操纵台、主配电板前后、锅炉仪表及助航仪器设备等供电。

（5）弱电电网：向全船无线电设备、各种助航设备、船内通信设备以及信号报警系统供电的网络。

11.3.2　船舶电网单相接地监视和绝缘检测

11.3.2.1　单相接地监视

三相绝缘系统如果发生单相接地，虽然不影响三相电压的对称也不影响用电设备的正常工作，但存在两种危险性隐患：一是增加了人体触电的危险性，当人体触及带电体时，使人体通过接地相直接与线电压构成导电回路；二是如果另外一相再发生接地便造成线间短路的危险性。因此对单相接地必须监视，及时发现并予以消除。通常用绝缘指示灯监视，其原理如图 11－5 所示。正常情况下 L_1、L_2、L_3

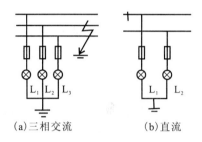

(a)三相交流　　(b)直流

图 11－5　绝缘指示器工作原理图

三个相同的指示灯同样亮，若某相接地则该相灯熄灭，其余两相灯由于承受线电压而特别亮。

11.3.2.2　绝缘检测

图 11－6 是配电板式兆欧表的接线原理图，它是由整流、滤波电路构成的直流电源和测量表头两部分组成。直流电源相当于电池，表头是刻度为 $M\Omega$ 的直流检流计。直流电源的正极接在电网的一相上，负极接检流计的正极，检流计的负极接地。三相电网的直流绝缘检测系统通过发电机中性点构成三条并联电路。因此三相对地的绝缘电阻 R_A、R_B、R_C 是并联接地，并与检流计、直流电源构成测量回路。根据欧姆定律，通过检流计的绝缘漏电流的大小与并联的绝缘电阻(R_A//R_B//R_C)成反比，因此通过表的电流越小，电网的绝缘状态越好。

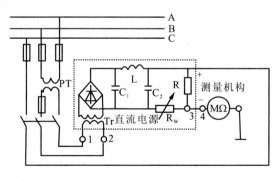

图 11－6　配电板式兆欧表的接线原理图

11.3.2　岸电供电

当船舶靠岸或进坞修船时，有时需要接用陆上的电源，即接用岸电。岸电通过岸电箱引入船舶电网。

11.3.2.1 接岸电箱的要求

箱内应设有能切断所有绝缘极(相)的自动开关,并有岸电指示灯。设有与船体联接的接地线柱,以使与岸电的接地或接零装置联接。应设有监视岸电极性(直流)和相序(交流)的措施。

11.3.2.2 接用岸电应注意事项

(1)岸电的基本参数(电制、额定电压、额定频率)与船电系统参数必须一致才能接用。

(2)岸电接入的相序必须与船电的一致,否则三相电动机将反转。必须是对称三相电,即不能缺相。

(3)三相四线制岸电的地线或零线必须用电缆引入岸电箱的船体接线柱上。

(4)确认船舶电网已确实无电后才能将岸电与船舶电网接通。

11.3.2.3 相序的监视与保护

用相序指示器检测和指示岸电的相序,用逆序继电器对岸电的相序和缺相进行保护。

为确保接用的岸电相序正确,通常用相序指示器(或叫相序测定器)来检测岸电的相序。若相序正确,相序指示器的白灯(或绿灯)亮;若错误则红灯亮。当红灯亮时,应改接三相中任意两根线的接线次序。若岸电相序错误或缺相时,逆序(或称负序)继电器动作;使岸电开关合不上闸或断相时岸电跳闸。

为避免船舶电网供电时接入岸电而发生非同步并联事故,所有船舶发电机(包括应急发电机)的主开关与岸电开关之间有连锁保护。只要有船舶发电机供电,岸电开关自动跳闸或岸电开关合不上闸。

相序指示器由 1 个电容器和 2 个指示灯(一红一白)星形连接组成,如图 11-7 所示。2 个灯的灯丝电阻 R 相等,并等于电容的容抗 X_C,由于是星形连接无中线的不对称负载三相电路,故 2 个灯和电容的 3 个相电压不对称。若电容器接 A 相,白灯(L_1)接 B 相,红灯(L_2)接 C 相,则白灯电压比红灯的高,为正相序;反之,红灯电压高于白灯,为逆相序。

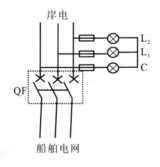

图 11-7 相序指示器

第 12 章　船舶照明系统

12.1　照明系统的分类和特点

　　船舶照明系统中的主要用电设备包括:舱室照明灯、舱面工作强光照明灯、探照灯、航行信号灯和低压行灯等。一般还包括电风扇、小容量电动机(0.5 kW 以下的电动用具)及电热器(不大于 10 A)、船内通信系统的一些报警装置(如冷库报警系统)等,都由照明系统供电。

　　船舶照明系统可分为:主照明、应急照明、小应急照明系统和航行信号灯系统。

12.1.1　主常照明系统

　　主照明系统由主电源供电,是船舶正常航行或作业以及船上人员正常生活和工作所使用的全船舱室内外的照明。主照明为生产和生活提供良好的视觉条件以及舒适的生活环境。船舶各处所的最低照度要求,大致在表 12 - 1 所列的范围,其中照度单位为勒[克斯](lx),照度为5～10 lx时看书就比较困难。

表 12 - 1　船舶照明处所的最低照明要求

舱 室 名 称	最低照度(lx)
餐厅,休息室	30～50
船长室,无线电室,广播室,船员室及出入口,操纵室,应急发电机室,厨房	20～30
海图室,驾驶室,浴室,厕所	15～20
内外走道,舵机舱,蓄电池室,油漆室,备件物料储藏室	10～15
冷藏舱,油舱	7～10

　　从照明分配电板至照明器或插座的线路称为照明配电线路。照明器一般由分配电板(箱)引出的单相支路供电。主照明系统每一独立分路的负荷电流不超过 10～15 A,也为便于维护和缩小故障面,每一支路的灯点数有一定的限制。如额定电压 50 V 以下的不超过 10 灯点;110 V 的不超过 14 点;220 V 的不超过 24 点等。大功率照明器或一个灯点电流超过 16A 的,一般设专用分电箱或专用供电支路。

　　居住舱室的每一分路的灯点,一般分布在相邻的几个居住舱室中。而每一居住舱室的照明器一般是由两个分路分别供电,如棚顶灯为一路,台灯、床头灯等局部照明为另一路。

　　推进装置机器处所、大型厨房、包括出入口梯道、通向艇甲板梯口、公共处所等处的主照明,至少应由两分路供电。

　　每一防火区的照明至少要有两路独立照明馈电线路,其中一路可为应急照明线路。

　　对于有易燃易爆危险或防火要求高的舱室,如油漆间、蓄电池室、消防设备控制站、氨制冷装置室等处所,都应在这些处所外面装设开关对室内照明进行控制,其线路切断开关能被锁在分断位置。

照明线路中的电风扇和插座除个别情况外,应设有独立的馈电线路,不与照明灯电路混在一起。不同电压等级的插头插座有不同的结构尺寸,以防插错电源。工作电压超过 50 V 的插头插座均有保护接地极。超过 16 A 的插座应有连锁开关,即仅当电源开关在分断位置时插头才能拔出或插入。

12.1.2　应急照明系统

应急照明系统是当主电源失去供电能力时,由应急电源通过应急电网供电的照明系统。有应急发电机的船舶应急照明系统是正常照明的一部分。正常时由主电源通过应急配电板供电,当主电源不能供电时由应急发电机供电。

应急照明的特点是安装的灯点数较少,对照度要求不高,但必须保证主要机器设备附近及通向救生甲板的扶梯、通道和船员的公共场所等处的必要照明。灯具与主照明的相同。

应急照明灯点具体分布地点:

(1) 航行灯及信号灯;

(2) 通道、出入口、扶梯、应急出口;

(3) 登艇甲板及舷外、救生筏、救生浮存放处;

(4) 机舱、炉舱、主机操纵台、锅炉水位表及气压表、主配电板前后、应急发电机室、舵机舱等;

(5) 驾驶室、海图室、无线电室、消防设备控制站;

(6) 船员的居住舱室;

(7) 白昼信号探照灯。

12.1.3　临时应急照明系统

以蓄电池组为应急电源的船舶,一般不再安装临时应急照明。但以应急发电机为应急电源的船舶,应装设临时应急照明。

临时应急照明的特点:每一分路灯点数不超过 5～6 盏,每盏功率为 10～15 W 的白炽灯。不允许用气体放电灯作应急照明。除正常照明兼作应急照明的线路外,应急照明和临时应急照明的电源线路及分支线路均不装设开关。临时应急照明灯具上应有永久性明显标志(通常涂有红色标志),或在结构上与一般照明器不同,即采用专门的低压灯具。但舱室内主照明器内已有低压灯座的可不再设专用低压灯具。

临时应急照明灯点的分布与上述应急照明的相同,但航行信号灯除外。

12.1.4　航行信号灯系统

船舶航行灯及信号灯是船舶照明系统中的一个独立部分,是保证船舶安全航行的重要设备之一。这些灯的光源均为白炽灯,有单丝的也有双丝的,其功率有 60 W 的、40 W的和25 W的不等。不同类别的航行灯,其照明器的数量、安装位置、安装高度、颜色、可见的光弧角度和可见距离等都有一定的要求。

为了保证船舶夜间航行的安全,避免船舶间发生碰撞事故,一切海船,不论其航区及用途如何都必须设置航行信号灯,以便能识别船舶的位置、状态、类型、动态及有无拖船等。按照总吨位(机动船以 40 登记吨,非机动船以 20 登记吨为分界)分为两大类。第一类船舶的航行灯为"甲种灯",第二类船舶的航行灯为"乙种灯"。目前我国海洋船舶均属第一类。这类基本航行灯的名称、安装位置及特征等见示意图 12-1 和表 12-2。表内的角度是指显示不间断灯光的水平弧度。桅灯、舷灯和尾灯通常称为航行灯,是各种用途的大小船舶都必须有的,左右舷灯一般安装在驾驶台的左右两侧。在夜间航行对船舶之间根据观察到对方船舶航行灯的情况,可以判断对方船舶的类别、相对位置和动向等。在必要时按照规则采取避让措施,以免发生碰船事故。船的长度小于 50 m 的只需配置 1 只桅灯,长度小于 20 m 的可以只用 1 盏左红右绿的舷灯。此外对于从事拖带的船舶,根据拖带的长度、顶推或旁推的不同,对桅灯和拖带灯另有规定。

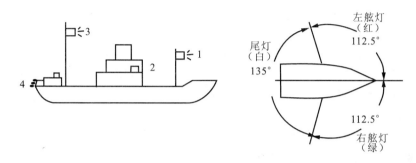

图 12-1　第一类机动船舶航行灯配置示意图

1-前桅灯;2-左、右舷灯(左红、右绿,各 112.5°);3-后桅灯(白色,225°);4-尾灯(白色,135°)

表 12-2　第一类船舶航行灯及主要信号灯

名　称	安 装 位 置	数量	标　志	使　用
前、后桅灯	前桅、后桅	1;1	白色(225°),后桅灯高于前桅灯大于 4.6 m	航行
左、右舷灯	左舷、右舷	1;1	红色、绿色,各 112.5°	航行
尾灯	船尾或尽可能接近船尾	1	白色,135°	航行
前、后锚灯	船头、船尾	1;1	白色环照灯	停泊
失控灯	前桅或信号桅或雷达桅	2	红色环照灯,垂直上下安装	失去独立操纵能力
闪光灯	信号桅或雷达桅	1	白色环照灯,闪光频率 120 次/分	过狭水道、转弯

环照灯和闪光灯用于表明船舶处于某种特殊状态以及进行通信联络。例如,用环照灯表明锚泊状态、船舶失控或船舶操纵受限不能采取避让措施、载有易燃易爆危险货物等;船舶在航行中或经狭水道时用闪光灯向可见船舶表明要转弯、要后退等动向。远洋船舶的信号灯设置比较复杂,以适应某些国家的港口或狭水通道的特别要求。这些信号灯通常是安装在驾驶台顶上专设的信号桅上或雷达桅上,将十数(8~12)盏红、绿、白等颜色的环照灯分 2 行或 3 行安装其上,按照规定使用不同数量不同颜色的信号灯。

12.2　船舶常用灯具和电光源

12.2.1　常用灯具的分类和用途

灯具,即照明器(有时简称灯)是由电光源、灯壳、灯罩及其附件等组成。其主要功能是重新分配光源的光通,避免对眼睛的直接眩光,防止光源受环境的污染和侵害,保护光源不受机械损伤等。在有些舱室的照明器还有装饰和美化环境的作用。

12.2.1.1 按防护结构类型分

船用灯具要符合船用条件,其外部罩壳的防护结构也是按统一的国际防护标准(IP)分级。根据使用环境条件的不同其防护等级大致可分为以下 3 种类型。

(1) 保护型:有透光灯罩可以防尘,也避免直接触及带电部分。多用于比较干燥的居住、办公舱室和内走道等处所。

(2) 防水型:光源被透光灯罩等密闭起来,灯体与灯罩之间有密封垫圈,这类灯具的防护结构基本相同,但其防护级别不同,有防滴、防溅、防水蒸气、防喷水和防海浪冲击等。用于潮湿和有汽、水侵害的场所。

也有将防水型又分为防溅型和防水型两类。防溅型用于有水飞溅的场所,如船首船尾的露天甲板、主甲板游步甲板的外走廊等处。防水型用于不仅有水飞溅,而且有滴水、凝水的场所,如机舱、炉舱、货舱、冷藏舱、厨房、浴室、厕所、盥洗室、修理间、贮藏室、航行信号灯、露天甲板和外走廊等处。

在容易受到机械损伤处所的防水型照明器,不仅有坚固的金属壳体和透明灯罩,而且灯罩外还有坚固的金属护栅,如图 12－2 所示。

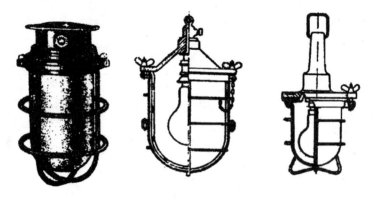

图 12－2　防水型照明器

(3) 防爆型:一种是隔爆型结构,即透明灯罩与灯座间用法兰连接,法兰间有隔爆间隙,气体在灯内发生爆炸时,由间隙外逸的气体经法兰隔爆面的充分冷却,不会引起外部混合气体的爆炸。坚固的壳体和灯罩能承受住内部爆炸压力而不致损坏。隔爆型气体放电灯的镇流器安装在防爆接线盒内。另一种是密闭安全型,正常运行时,不产生火花、电弧,灯具外表面温度不会引起爆炸。防爆灯用于在正常条件下可能存在可燃性粉尘或爆炸性气体的场所,如煤舱、油柜舱、蓄电池舱、油灯间、油船的油泵舱及舱面空间等处的照明。

12.2.1.2 按用途分类

(1) 舱室照明灯具:蓬顶灯、吸顶灯、嵌入式棚顶灯、防爆灯等。

2 管或 3 管荧光蓬顶灯,有透明或磨砂的有机玻璃罩,内附 24 V、15 W 应急白炽灯座,一般是钢底壳防水型,用于机舱和外走道照明。

单泡、双泡或三泡乳白玻璃嵌入式蓬顶灯,内附 24 V、15 W 应急灯座,用于居住、办公等舱室照明。

1～4 管荧光蓬顶灯,有乳白玻璃或磨砂有机玻璃罩,钢外壳嵌入式,内附应急灯座,用于居住、办公等舱室和内走道照明。

竹节方顶灯、月季圆顶灯、菱角方顶灯为钢外壳吸顶灯,乳白玻璃罩,内附应急灯座,用于舱室、内走道、餐厅等处的照明。

(2) 航行信号灯:有左右舷灯、桅灯、尾灯、桅顶灯、三色灯、锚灯、应急灯、艇用灯等。

(3) 局部照明灯具:有床头灯、壁灯、台灯、海图灯、医疗灯、水位表灯等。

(4) 挂灯及手提:有 220 V、110 V、24 V 挂灯、24 V 手提灯等作临时悬挂照明用。大功率挂灯,是防喷水式、铸铝外壳、乳白玻璃罩、外装保护网,220 V、200 W,用于甲板、码头和机炉舱公用照明。

三泡或五泡货舱灯,钢外壳和金属保护网,220 V、3 W×60 W 或 5 W×60 W,货舱内移动照明。手提灯为防喷水式,酚醛塑料外壳、玻璃罩外有金属保护网,24 V、15~40 W,供检修等临时场地照明。低压手提行灯由行灯变压器提供 36 V 以下的安全电压。行灯变压器输出的电压可通过分布在各处的低压插座供行灯使用,低压插座和插头在结构尺寸上与高压插座不同,以免误插入高压插座。也有用可携行灯变压器随行灯使用,而行灯变压器则插入高压插座。无论是高压插座或低压插座,在露天甲板或汽水侵害的处所都是具有密封盖的水密式插座。

(5) 投光灯和探照灯:投光灯用于露天甲板大面积照明,探照灯用于夜航和远距离搜索。

远洋船舶在驾驶室顶安装 1~2 盏信号探照灯,装置在船的中前方或左右舷前方,功率一般为 1 000 W。使用低压电源时功率为 150~300 W。货船每一货舱口上方的货桅上装 2 盏或 4 盏 300~500 W 的投光灯。每一救生艇吊架两旁 1~2 盏 300 W 的投光灯,并能摇向舷外,以便照射水面。舷梯旁上空装 1 盏 300 W 投光灯。在驾驶甲板或罗经平台装 1~2 盏 300 W 投光灯照射烟囱标志,等等。

夜航苏伊士运河所用探照灯称为苏伊士运河灯,安装在船舶的纵中线处,并能水平地和垂直地操作。苏伊士运河灯的性能和结构特点:

1) 能照清 1 500 m 前方锥形浮标的反射带。

2) 反射镜分成两半瓣,合并起来(零位)产生单束反射光;水平方向分开产生两束光。左右光柱各为 5°,中央暗带在 5°~10° 范围可调。

3) 探照灯内有双灯座,互为备用,通过旋转手柄可使任一灯泡转到反射镜的焦点上。

4) 灯泡或灯管的功率为 2 000 W,超过 30 000 总吨的船舶为 3 000 W。

12.2.2　电光源

常用的电光源可分为两大类:①热辐射光源,如白炽灯、卤钨灯;②气体放电光源,如荧光灯、高压汞灯、高压钠灯、金属卤化物灯和汞氙灯等。

12.2.2.1　热辐射电光源

普通白炽灯及卤钨循环白炽灯都是用电能将灯丝加热到白炽程度而产生热辐射光。

(1) 白炽灯:结构简单,使用灵活,能瞬时点燃,无频闪,可调光,可任意位置点燃,价格便宜等。但由于热灯丝蒸发出来的钨附着于温度较低的灯泡内壁,使灯泡逐渐黑化,光通减少,光效变低。同时使灯丝变细,寿命不长,且耐振性差。其寿命和光通量受电压波动影响较大,电压升高 5%,寿命缩短 25%;电压降低 5%,光通减少 18%。

船用白炽灯的特点:灯丝稍粗,且其支撑加固,有较高的机械强度和耐振性。除作为普通照明光源外,船舶航行灯指号灯和应急照明灯都只采用白炽灯,因为它不会因电压低落而熄灭。航行灯一般用插口（C 型）灯头，大功率白炽灯都用螺口（E 型）灯头，以增大导电接触面积。

（2）卤钨灯：为克服普通白炽灯的缺点而出现了卤钨循环白炽灯，其结构如图 12－3 所示。耐高温的石英玻璃灯管内充有较高压力的惰性气体，同时充入微量的卤族元素碘或溴等。螺旋状的钨丝沿管轴线装置在一些支架上。灯丝受热蒸发出来的钨向四周扩散时与卤素化合生成气态的碘（或溴）化钨。因管壁温度比普通白炽灯泡的高，使卤化钨难于吸附于管壁，并且当其扩散或对流运动到更高温度的灯丝处时，卤化钨又分解为卤素和钨，使钨重新附着于灯丝上，如此循环不已。从而抑制黑化，延缓灯丝的变细，提高使用寿命。卤钨灯的光效比普通白炽灯高得多，因为它工作温度比白炽灯高。卤钨灯体积小，功率大，携运方便，适用于较大空间要求高照度的场所的照明。如船舶露天甲板大面积照明，用 1 kW 卤钨灯的亮度相当于 5 kW 的普通白炽灯。

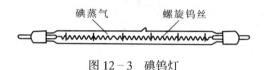

图 12－3　碘钨灯

有些碘钨灯的灯管要求水平安装，其倾斜度不超过规定的角度，以避免因倾斜管内气体对流不均而出现低端低温区的黑化，也避免倾斜使灯丝拉断。但溴钨灯的点燃位置没有限制，因溴在灯内的分布不受对流的影响。

12.2.2.2　气体放电灯

由于所有气体放电灯都是利用强电场加速自由电子，使自由电子能以很大的动能撞击气体或金属蒸气的原子，产生雪崩式的电离并使温度升高。在高温下金属蒸气原子又产生热电离，从而形成自持放电过程。电离的原子吸收能量跃迁到一个不稳定的激发态，但很快就自发地以辐射光子的形式释放出能量，返回到基态。处于不同激发态的原子，辐射出不同频率的光，有可见光也有不可见光。不可见光（例如紫外线）也可用发荧光物质发出可见光。当形成自持放电后，电流将急剧增大。为维持一定电流下的稳定持续放电，需要降低放电电压和限制放电电流。所以气体放电灯一般都要有能产生较高的点燃电压和限制放电电流的装置，如镇流器和触发器等。

（1）荧光灯（俗称日光灯）：荧光灯是一种预热式低压汞蒸气放电灯。灯管抽空后充入少量的氩气和汞，灯管内壁涂有荧光物质，管内两端灯丝上涂有发射电子的阴极物质。灯管的型号、形状和功率不同，所要求的启动电压、工作电压和工作电流等不同，因此与其配套的镇流器和启动器也不尽相同。图 12－4 是荧光灯的一般接入电路。

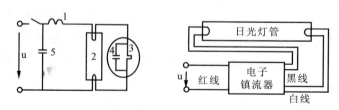

图 12－4　荧光灯接线图

1－镇流器；2－灯管；3－启动器；4－抑制无线电干扰的电容器；5－改善功率因数的电容器

启动器是一种简单的自动开关,电源电压可使其两电极间产生辉光放电,使双金属 U 形电极受热变形而接通灯丝电路,灯丝发热使阴极物质发射电子;2～3 s 后因 U 形片冷却复原而断开电路,从而使镇流器产生附加自感电压使灯管点燃。此后镇流器起降压限流作用。点燃后由于灯管的工作电压低于电源电压,因而启动器不再产生辉光放电。新型电子镇流器体积小、重量轻、耗电少。启动时产生高频脉冲起燃电压,不需要启动器,因而启动快(0.4～1.5 s)。

荧光灯具有表面亮度低、表面温度低、光效高、寿命长、显色性较好、光通分布均匀等优点,广泛应用于精细工作或长时间从事紧张视力工作的场所。但不适于频繁开关的场所。频繁开关阴极物质消耗快,使寿命大为缩短。电源电压的波动对荧光灯的光通量影响不大,但电压过低会产生跳光现象,这相当于频繁点燃,会缩短使用寿命。此外电压大幅度跌落也会导致荧光灯熄灭。

(2) 高压汞灯:高压汞灯的结构和连接电路如图 12－5 所示。耐高温的石英玻璃管被封装在硬质玻璃外泡内。放电管内有两个自热式主电极和一个串有限流电阻的辅助电极,管内充有适量的汞和氩气,工作时在很高的管壁温度下,汞蒸气压力较高(2～6 个标准大气压,1 标准大气压＝1.132 5 Pa),故称为高压汞灯。灯泡内壁涂有荧光物质。

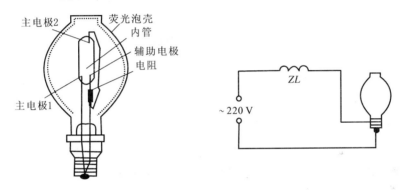

图 12－5　高压汞灯图

接通电源后首先引起辅助电极与其较近的主电极之间发生辉光放电,产生电子和离子,并很快过渡到两主电极之间的惰性气体的放电,发出白色辉光。随着放电的加热作用和汞蒸气压力的升高,使汞蒸气逐渐成为放电的主要因素,逐渐发出更为明亮的蓝绿色光,并由紫外线激发荧光物质发出红色的补充光色,以改善发光颜色。从启动到稳定工作约需 4～8 min。

高压汞灯具有光效高、成本低、寿命长、耐震和不受户外恶劣气候条件的影响等优点。适用于大面积高大厂房或露天场地等的照明。但电压波动不能太大,即使短暂的电压突然降低超过 5%,就可能引起自行熄灭,而且重新恢复点燃仍需经 5～10 min。高压汞灯也不适用于频繁开关的场所。

(3) 汞氙灯:氙灯是惰性气体弧光放电灯,有管型高气压长弧和球形超高气压短弧氙灯之分。

氙灯是靠石英玻璃管内的氙气放电发出强光,所以比靠金属蒸气放电灯的启动快,点燃瞬间即可发出 80% 的光。具有功率大、光色白、亮度高的特点,俗称"小太阳"。适用于广场、港口、车站、机场等大面积照明场所。由于它的光效低,寿命短,长弧氙灯逐渐被高压钠灯和金属卤化物灯代替。

氙灯管内充入适量的汞就成为汞氙灯。这种灯既具有氙灯的启动快、稳定时间短、再启动容易和光透性好等优点,又具有高压汞灯的某些优点,即发光效率和使用寿命都得到改善。管形长弧汞氙灯广泛用于海船甲板和货舱口的照明。短弧汞氙灯具有亮度大而集中的特点,一般作为探照灯或机车车头灯等。

汞氙灯工作时有较多的紫外线辐射,应避免用眼睛注视灯管。另外石英玻璃管必须保持清洁,若用手摸过,须用酒精或蒸馏水洗净,否则油迹在紫外线的作用下会使玻璃失去透明性或损坏。汞氙灯的工作路线如图 12-6 所示。当按下按钮 SB 时,接通变压器 T_1,在副边绕组上产生 4 kV 的高压,经火花隙 G 放电,在 C_2L_1 组成的串联谐振电路中产生阻尼振荡,经脉冲变压器 T_2 的副边绕组 L_2 升压获得 40~50 kV 的高频电压,通过 C_3 引起灯管电极间弧光放电发光。C_1 为高频旁路电容。

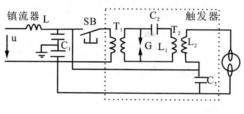

图 12-6　汞氙灯线路图

12.3　照明控制线路

12.3.1　主照明的控制

主照明线路是由电源开关和灯的控制开关控制。电源开关设在照明分配电板或分电箱内,一般是作为非经常操作的照明供电和安全隔离开关,有的专用照明独立分路的电源开关也是灯的控制开关。一般照明只有干线电源开关,各分支路没有电源开关。但每一分路中的每一灯点或若干灯点设有开灯、关灯的控制开关,如图 12-7 所示。

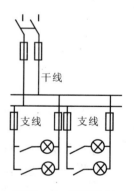

图 12-7　照明控制线路

控制开关有单联开关和双联开关。单联开关即最常用的开关,只用 1 个开关控制 1 盏或 1 组灯。但有的场所需要在 2 个地点控制 1 盏或 1组灯的开或关,如有的灯可在机舱的上部入口处控制也可在下部梯口控制。这需要用两个双联开关分别安装在这 2 个地点,其接线原理如图12-8 所示。这种旋钮双联开关内部的 4 个接线点,其中 2 个点连接为公共点,因此构成 3 个静触点。中间可转动的动导体触点随手钮转动,可使公共点与其余 2 个静触点转换连通。

双联开关接线的关键是 2 个开关的公共点接线不能接错,必须按图 12-8 所示接法,即一个开关的公共点接电源,另一个开关的公共点接灯。特别是检修或更换开关重新接线时应注意,如果其中任一个公共点接错就会出现开关在一个位置可以控制通断,换一个位置就失去控制。对于三相四线制系统,控制开关先接火线再接灯(起安全隔离作用),灯的另一端接零线或地线。

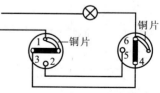

图 12-8　双联开关两地控制线路

12.3.2 航行灯的控制

为了保证航行灯在工作期间能不间断地发出灯光,在供电和控制上有一些特殊要求。

(1) 航行灯控制箱应有两路独立馈电线路供电,一路应来自主配电板或应急配电板,另一路可由附近的照明分配电板供电。两路馈电线路的转换开关多设在驾驶室内的控制箱上。每只航行灯均应由航行灯控制箱引出的独立分路供电,并在箱内设熔断器及控制开关。

(2) 每一航行灯都与声光报警和故障指示器相连,能及时准确的给以声光信号。图 12 - 9 是控制箱每一盏航行灯的保护和控制线路。音响报警蝉鸣器 HK 是所有航行灯共用的。各灯电流继电器的常闭触头 FA 并联,用来控制共用的蜂鸣器。每一个航行灯有的是 2 个单丝灯泡,也有的是 1 个双丝的灯泡。控制箱中每一路只有 3 个接点外接双丝灯,均由手动开关 SA 进行灯丝的转换控制。一旦灯丝烧断,发出音响报警。并有号牌指示器 ZP 见图 12 - 9(a)或故障指示灯 HL 见图 12 - 9(b)指出故障灯路。值班人员用转换开关接通另一灯丝,使航行灯恢复发光。

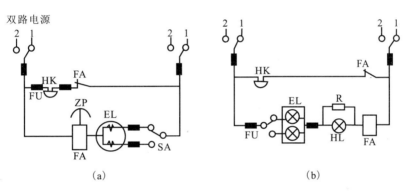

图 12 - 9 航行灯控制
(a)交流;(b)直流

12.3.3 照明线路故障

照明线路时常发生短路和断路故障,如露天甲板及其他易受水、汽或高温侵害处所的插座、开关和照明器等经常发生短路或绝缘损坏故障;居住舱室由于在插座中接入有故障的、超容量的电器或操作错误等也是造成照明线路故障的原因。这些故障往往导致支路熔断器烧断,使插座无电或开灯不亮。

一个分电箱中,有很多支路的熔断器,当对故障支路的熔断器不熟悉时,在不断电的情况下,可用"试灯"或万用表相应的电压档用"交叉法"进行逐个支路查找,如图 12 - 10 所示。熔丝已断的熔断器使"试灯"或电压表与电源构不成回路,故试灯不亮或电压表读数为零。如果经查看还判断不出短路点发生在哪一个灯点,则只能用逐个排除法,即将该支路所有灯点开关断开,更换熔断器,然后再将控制开关逐个闭合,若某灯开关闭合后仍不亮,且熔断器又断,则该灯电路仍有短路。

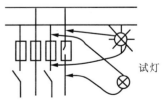

图 12 - 10 交叉法查断丝熔断器

12.4 照明系统的布置

12.4.1 一般要求

（1）照明灯具型式的选择应与安装的场所相适应，其控制应满足相应规定。

（2）在易受到损伤的处所应采取相应的防护措施。

（3）安装在振动较大的处所，灯具应有减振措施。

（4）直接安装在木板或易燃材料上的灯具应有防火隔热措施。

（5）每一照明电路应设有过载和短路保护。

（6）在电压超过 250 V 放电灯的处所和其他必要的地方，应有"高压危险"的警告牌。

（7）主照明由主电源供电，应急照明应由应急电源供电。

12.4.2 照明系统的布置

（1）应使其在设有应急电源连同其变换设备（设有时）、应急配电板和应急照明配电板的处所内发生火灾或其他事故时，特别使包括梯道和出口在内的脱险通道全线的主照明不应受到损害。

（2）下列处所的照明至少应有 2 路供电：①机舱；②出入口梯道；③通向艇甲板的梯道；④乘救生艇、筏的集合地；⑤消防装备存放地及控制泵起动处；⑥操舵装置处所。

（3）每一防火区，至少应有两路独立照明的馈电线，其中一路可以是应急照明馈线。

（4）照明分配电板容量等于或小于 16 A 的每一分路，其灯点不应超过下列数目：①50 V 及 50 V 以下电路 10 点；②51～120 V 电路 14 点；③121～250 V 电路 24 点；④容量超过 16 A 的最后分路，供电不应多于 1 点。

（5）对应急照明（由备用电源供电的照明）的特殊要求：①应急照明灯点设置等应符合《法定规则》4.3.2.1 的 1 及 4.4.3 的 1 的有关规定；②临时应急照明馈线上不应设有开关；③各种应急照明灯均应具有明显的标志，或在结构上与一般照明灯不同；④除驾驶室、救生艇、筏存放处的舷外的应急照明灯以及应急照明兼作主照明外，在应急照明电路中不应装设接地开关；⑤应急照明系统的布置，应使其在设有主电源连同其变换装置（设有时）、主配电板和主照明配电板的处所内发生火灾或其他事故时，不致受到损害。

第 13 章　船舶电力拖动及自动控制

13.1　常用控制电器

　　船舶电力拖动控制中最常用的控制电器有:按钮、多极开关(或称组合开关、万能转换开关)、接触器和继电器等,主要作用是接通、断开控制电路或作程序控制。最常用的保护电器有热继电器和熔断器等,主要作用是对电路实现保护。

13.1.1　主令电器

　　(1) 按钮:这是一种自复位的指令电器,结构简单,按钮带动触点使其闭合或断开,手松开后自复位弹簧使按钮和触点复位。有一对触点的单层按钮,也有两对触点的双层按钮。通常用常开触点按钮作"起动按钮",常闭触点按钮作"停止按钮"。

　　(2) 多极开关(万能转换开关):多极开关可同时控制多条通断要求不同的电路,广泛应用于交、直流控制电路、信号电路和测量电路,也可用于小功率电动机的起动、反转和调速。开关转换手柄(或手钮)可有多个位置,在电路图中,触点通断顺序可用两种方式表示:

　　1) 展开图法如图 13-1(a),用虚线表示操作手柄位置,虚线上的黑圆点表示手柄转到此位置时该对触点接通。

　　2) 触点闭合表法如图 13-1(b),表中上列是手柄位置,左列为触点编号,在手柄位置与触点编号相交的方格内用×表示手柄在此位置时相应编号的触点接通。

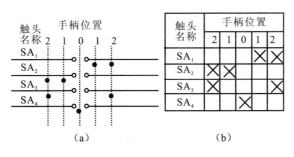

图 13-1　触头通断顺序表示法

　　(3) 主令控制:在起货机、锚机等控制电路中常采用凸轮式主令控制器,一般是手柄前后推拉双向操作的多位置、多控制回路的主令开关。常与接触器和继电器配合一起工作,控制电动机的起动、制动、正反转、调速及实现零位保护等。其触点通断顺序通常采用图 13-1(a)的展开图法。图 13-2 为主令控制器的一组凸轮和触头关系的结构图。

　　(4) 行程开关(也称限位开关):用于限制机械移动的极限位置或实现安全保护、电气连锁或程序控制等。有微动开关式、曲臂式和转臂凸轮式等数种,最简单的一种结构类似按钮。在机械运动部件碰触行程开关的位置挡块(相当于按下按钮)时,使触点断开或闭合,当运动部件与挡块脱离接触时触点自行复位。常作为舵机、起货机、天车行走等的终端限位安全保护开关。

13.1.2 接触器

接触器是用来频繁地接通和切断电动机主电路以及大电流控制电路的开关电器。

(1) 结构：由主触头系统(包括灭弧装置)，电磁系统(线圈、铁芯和衔铁)以及释放弹簧三个部分组成，图13-3为交流接触器的结构示意图。控制主电路通断的触头通常是常开主触头，主触头的接触面积较大，并设有灭弧装置。常开和常闭辅助触头用在小电流的控制电路中。对于开关电器的所谓"常开"或"常闭"触头是指电磁线圈不通电时或没有外力作用时的动、静触头间断开或接通的状态。

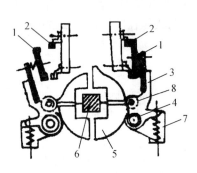

图13-2　主令控制器凸轮结构

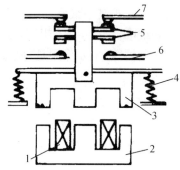

图13-3　交流接触器结构示意图

(2) 动作原理：电磁线圈1通电后产生电磁吸力，克服释放弹簧4的阻力将衔铁3吸下，衔铁带动动触头5使其与触头6闭合、与触头7断开。当线圈断电时，衔铁被释放，在释放弹簧(有的是靠衔铁自重)的作用下，衔铁和动触头均复位。

(3) 使用参数：接触器的触头额定电压和额定电流是指触头能够长期承受并能分断的电压和电流，要与触头所在的主电路的电压和电流相适应。而励磁线圈的额定电压则要与控制电路的电压一致，有380 V、220 V、110 V和36 V等。

(4) 交、直流接触器的差别：它们在动作原理和作为开关的控制功能上两者基本相同。但在结构上和电与磁的变化关系上有明显的差异。

1) 铁芯结构差异：为减小铁损，交流的铁芯由硅钢片叠压而成；为消除振动和噪声，铁芯与衔铁接触的端面嵌有短路铜环。由于电磁吸力与磁通的平方成正比，因此交流磁通产生脉动的电磁吸力，因而发生振动和噪声。利用短路环的感应电流产生反抗磁通。由于反抗磁通与线圈的主磁通存在时间和空间相位差，从而消除了因铁芯磁通和电磁吸力周期性的过零而产生的振动和噪声。而直流铁芯中的磁通是恒定的，不产生铁损，也不产生振动和噪声，故直流的铁芯是整块铁制成的、铁芯端面也不需要短路环。

2) 电路与磁路的差异：交流电压接触器是恒磁通型的，衔铁吸合前后磁通和电磁吸力基本不变，但根据磁路概念，衔铁吸合前后磁路磁阻不同，因吸合前的磁阻比吸合后的磁组大得多，所以吸合前的线圈电流比吸合后的电流大，假如衔铁因故不能吸合则线圈将被烧毁。直流电压接触器是恒磁势型的，衔铁吸合前后励磁电流基本不变，但因磁阻关系吸合后的磁通和电磁吸力远大于衔铁保持可靠吸合所需要的电磁吸力，故衔铁吸合后可在线圈电路串入经济电阻，以减少线圈的温升和电能损耗。

因为直流线圈电压 U、匝数 N 和线圈电阻 R 一定,所以线圈的电流($I = U/R$)和磁势 IN 就是恒定的,与磁阻的大小无关,为恒磁势型。为减小线圈电流,直流线圈的线径较细、匝数多(R 大)。但交流线圈,只要线圈电压 U 一定,则磁路磁通 Φ_m 基本不变(即 $U \approx 4.44\,fN\Phi_m$),与磁阻大小无关,故为恒磁通型。交流线圈主要靠感应电动势 E (或其等效感抗)限制电流,因此相对于同样电压的直流线圈而言交流线圈的匝数少、线径较粗。此外,由于交直流铁芯结构和线圈电阻、电感(直流线圈的电阻电感均大于交流的)不同,即便是线圈额定电压相同的交直流接触器也不能互相替代使用。直流接入交流会因铁损太大而烧毁,交流接入直流会因线圈电流太大而烧毁。

13.1.3　继电器

继电器是根据某种(电压、电流、时间、温度、压力、速度等)信号来接通或断开电路的电器,用以实现系统的自动控制和保护。继电器触点容量小,只用于通断小电流电路,没有主、辅触头之分。带动触点的运动部件体积小,重量轻,动作快,灵敏度高。有电磁式电压继电器、电流继电器、时间继电器和机械式温度继电器、压力继电器和速度继电器以及电子式各种继电器等多种类型。

电磁继电器的基本组成部分和工作原理与接触器相似,有铁芯、衔铁、电磁线圈、释放弹簧和触头等。线圈的通电或断电,使衔铁带动触头闭合或断开,实现对电路的控制作用。有交流继电器也有直流继电器。

(1) 电压继电器:电压继电器线圈匝数多、线径细,线圈与被监测的电压电路并联。其触头接在需要获得被监测电压信号的电路中。根据高于或低于被监测电压的整定值动作,利用触点开闭状态的变化传递被监测电压发生变化的信息,以实现根据电压变化进行的控制或保护。

(2) 电流继电器:电流继电器线圈匝数少、线径粗,线圈与被监测的电流电路串联。是根据电流的变化而动作,利用触头开闭状态的变化传递电流变化的信息,以实现根据电流变化进行的控制或保护。

(3) 中间继电器:顾名思义,它是一种中间传递信号的继电器,其电磁线圈并不直接感测电压或电流的变化,而是传递某信号的"有"或"无"。因此它的电磁线圈并联于恒定电压上,由其他指令电器或信号检测电器控制它的通电或断电。中间继电器可有多组触头,其线圈匝数多、线径细,线圈电流远小于其触头容许通过的电流。利用它的多组触头来扩大信号的控制范围,实现多路控制。由于线圈与触头电流差别较大,故有以小控大的信号"放大"作用。如某些灵敏感测继电器的触头容量较小,不能直接控制电流较大的电路,但它可以控制中间继电器的线圈电路,因此可借助于中间继电器去控制较大电流的电路。

(4) 时间继电器:这种继电器从接受动作指令信号到完成触头开闭状态的转换,中间有一定的时间延迟,从而实现延时控制。时间继电器按工作原理分有电磁式、空气阻尼式、电子式、钟摆式及电动式等多种类型。

图 13-4(a)为空气阻尼式电磁时间继电器结构原理图,是线圈通电延时的交流时间继电器。当电磁线圈 1 通电后,衔铁 2 立即被吸下,使其与活塞杆 3 脱离接触;释放弹簧 4 使活塞杆下移,但伞形活塞 5 的下移使被橡皮膜 6 密封隔绝的上气室的空气压力降低、下气室压力升高,形成对活塞的阻尼作用而缓慢下移,直到使杠杆 8 的一端触动微动开关 9 动作,才完成触头开闭状态的转变。微动开关 9 中间的动触点与上面的静触点构成"常开延时闭"、与下面的静触点构成"常闭延时开"的开关触头,其相应的触头电路符号如图所示。该继电器还有一组不延时的瞬动触头

(微动开关 13)。当线圈断电时,在释放弹簧 11 的作用下,衔铁立即释放,因上气室有放气阀 12,故各触头能立即复原。用针阀式螺钉 10 调节进气孔 7 的大小来整定延时长短。

根据不同的控制要求,这种时间继电器的铁芯和衔铁的上、下安装位置可以方便的倒置,如图 13－4(b),这样就变成了断电延时继电器。断电延时继电器是当线圈通电时各触头的开闭状态立即改变,而断电时则是延时复原。如常闭触点通电时立即断开,断电时延时闭合,所以它的触头是"常闭延时闭"和"常开延时开",其电路符号如图中所示。

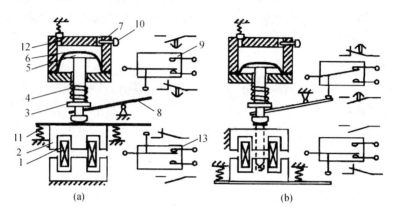

图 13－4　空气阻尼式时间继电器
(a)通电延时;(b)断电延时

13.1.4　保护用电器

(1) 短路保护:短路保护是当电动机的主电路、控制电路或电动机绕组本身发生短路时,能自动的及时的将短路故障部分与电源切断,以避免事故进一步扩大而造成损害。电动机的短路保护电器大多采用熔断器,大容量电动机也有采用塑壳式空气断路器。

熔断器:熔断器(俗称为保险丝)是最简单的短路保护电器。船舶上常用的熔断器在结构形式上有螺旋式、管式、插脚式等多种。

熔断器的保护特性(电流—时间关系)具有反时限的特点,即电流越大熔断的时间越短。不同类型的熔断器熔丝的热惯性大小不同,在同样电流下熔断的时间不同。在船上电网和用电设备的熔断器都是按保护动作的选择性配套的,不可任意更换不同型号的熔断器。在电力控制系统中,熔丝的额定电流与负载电流大致有如下的一些关系,供选择参考。

平稳负载(如控制、信号和照明电路等):熔丝额定电流≥支路所有负载的工作电流;

电动机主电路:熔丝额定电流≥电动机起动电流/2.5;熔丝额定电流≥电动机起动电流/(1.6～2.0)——(用于频繁起动)。

(2) 过载保护:过载保护是指电动机的工作电流持续超过它的额定电流时,为避免电动机过热而烧毁所设的自动保护环节。电动机自动过载保护常用的电器是热继电器。

热继电器:它是依据电流的热效应和不同热膨胀系数的双金属片受热变形原理制成的一种保护继电器,主要用于电动机的过载保护。图 13－5 是其结构原理图。电动机的电流通过发热元件 1,热元件的发热使双金属片 2 受热膨胀变形,其自由端向上翘。当电流持续超过额定值后,双金属片的变形足以使扣板 4 在弹簧 5 的作用下而脱扣,并拉动连板 6 将常闭触头 7 断开,从而断开电动机的控制电路,进而断开其主电路。由于热惯性,它是一个延时保护电器,故不用它作电动机的短路保护。它具有反时限特性,即过电流越大动作的延时越短。热继电器的整定电流一般是等于被保护电动机的额定电流,当超过整定电流的20%时应在20 min 内动作。热继电器上有过电流整定旋钮,旋钮可使扣板4上下移动,以调节双金属片脱扣需要移动的距离。

为防止电动机的单相运行而过载,在电动机的三相主电路中至少应有两相串入热继电器的发热元件。

热继电器脱扣后有自动复位的和手动复位的,船上多数为手动复位。当排除过载原因和待双金属片冷却后应及时按下手动复位按钮3使其复原,不然电动机不能重新起动。

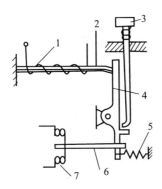

图 13-5　热继电器

1-静止圆盘衔铁;2-摩擦片;3-旋转摩擦制动盘;
4-铁芯;5-线圈;6-反作用弹簧

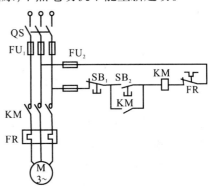

图 13-6　电动机磁力起动器控制电路

13.2　基本控制线路

13.2.1　磁力起动器起动控制

图13-6是机舱里用得最多的三相异步电动机的磁力起动器控制线路。它具有短路、过载和失压保护作用,并能够自锁连续运行的电动机起、停控制电路。

QS 是电源隔离开关,平时保持接通,当电机或电路需要检修时,为安全起见必须断开隔离开关,FU_1 和 FU_2 分别为主电路和控制电路的短路保护熔断器。接触器 KM 和热继电器 FR 都安装在磁力起动器的控制箱内,"起动"按钮 SB_2 和"停止"按钮 SB_1 以及电源指示灯(红)、电动机运行指示灯(绿)均装在控制箱的面板上、电力拖动控制的电路图一般是按主电路和控制电路两部分画出,主电路用较粗的线条画在左边或上端,控制电路用细线画在右边或下端。各电器都按未通电或未受外力作用时的正常状态画出。属于同一电器的不同部件按其在电路中的作用(而不是实际的机械安装位置)用规定的符号画在不同的电路部位上、标以相同的文字符号并用数字以示区别。例如同一个接触器的线圈、主触头和辅助触头地标以 KM,按照它们的作用分别画在不同的电路中。

(1)起动自锁控制工作原理:按动起动按钮 SB_2,接触器 KM 的电磁线圈电路接通,接触器动作,其常开主触头闭合接通主电路,电动机开始起动;与此同时,与起动按钮 SB_2 并联的常开辅触头 KM 也闭合,因此,当放开按钮后线圈 KM 继续保持通电,使电动机保持连续运行。把这个用自己的触头保持自己的线圈继续通电的作用称为"自锁",与起动按钮并联的这个常开触头称为"自锁(或自保)触头"。

　　当需要停车时,按下停止按钮 SB_1,接触器线圈断电,衔铁释放,各主、辅触头均复原,电动机断电停车。由于自锁触头已断开,所以放开停止按钮也不会自行接通线圈电路,这就是失压保护。可见这种电路的失压保护环节是由接触器线圈、自锁触头和起动按钮构成的。

　　当电动机发生持续过载或缺相时,使热继电器发热元件触发热继电器动作,将其串联在控制电路中的常闭触头 FR 断开接触器 KM 的线圈电路,接触器释放,使电动机脱离电源。为使热继电器能实现可靠的缺相保护,在三相主电路中至少要在两相中串接热继电器的发热元件,当 3 根相线中有任 1 个发生断电时至少有 1 个发热元件感测单相电流。当排除过载或断相原因后要将常闭触头 FR 手动复位,否则电动机不能重新起动。应注意热继电器动作后不能立即复位,因双金属片需要有一定时间的冷却复原。

　　(2)点动控制:如果去掉自锁触头 KM,则变成了点动控制,即按下起动按钮 SB_2 电动机起动运行,放开按钮电动机停止。有些应用场合为了安全,需要人在现场确定机械移动位置或转角以及起落物品的移动或安放位置等,往往采用点动控制。通常这种控制线路是既能正、反转自锁连续控制又能实现正、反转点动控制。图 13-7 的控制电路就是在图 13-6 自锁连续控制电路的基础上加一个双层按钮 SB_3,从而能实现点动和连续控制双重功能。按下 SB_3,其上面的常开触头接通,下面的常闭触头断开,线圈 KM 通电,电动机运转;尽管 KM 自锁触头也闭合,但当放开 SB_3 时,其常开和常闭触头有一个同时断开的过程,故使线圈断电而不能自锁,因此放开 SB_3 电动机停止。

　　(3)多地点控制:电动机的起动可以在不同的多地点进行远距离控制,如机舱许多辅机电动机可以在机旁控制,也可以在集控室控制。这只需要将各地点的起动按钮并联、停止按钮串联即可实现。图 13-8 就是两地控制的接线原理,若 SB_1 和 SB_2 是机旁控制按钮,则 SB_3 和 SB_4 就是安装在集控室的按钮。

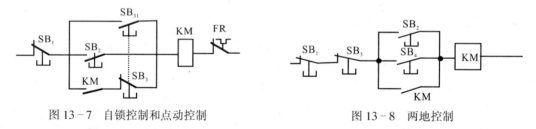

图 13-7　自锁控制和点动控制　　　　　　图 13-8　两地控制

13.2.2　正反转互锁控制

　　将三相异步电动机定子电源的任意两相接线对调电动机就能反转,因此可用两个接触器来完成这一改变相序的任务。图 13-9 就是电动机正反转的起动控制电路,KM_F 为正转接触器;KM_R 为反转接触器。两个接触器的控制电路基本上就是两个单方向自锁连续运行控制电路的组合。其中,两个接触器都将自己的一个常闭辅触头相互串入对方的线圈电路中,这是为了保证不发生因两个接触器同时接通其主触头而将电源短路。这种相互将自己的常闭触头串入对方线圈电路的控制,称为"互锁"。当按动正转按钮 SB_F 时,正转接触器 KM_F 自锁通电,电动机正转;与此同时常闭互锁触头 KM_F 断开反转接触器线圈电路。这就保证了两个接触器不会同时通电。除这种电气互锁外,还有机械互锁,如图中的正反转起动按钮 SB_F、SB_R 均为"一常开一常闭"的双层按钮,相互将按钮的常闭触点串入对方的线圈电路中。当按动按钮时,其常开触点接通的同时常闭触点断开,因此即便同时按下两个按钮也不会使两个线圈同时通电。

另一种机械互锁是在两接触器的衔铁之间用一跷跷板式杠杆进行机械互锁,一个衔铁吸合将杠杆一端压下,另一端跷上会阻止另一衔铁吸合。

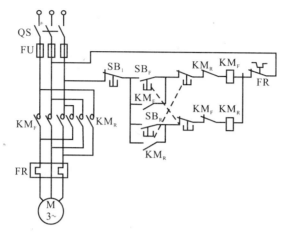

图 13-9　三相异步电动机的正反转互锁控制

13.2.3　顺序起动连锁控制

连锁控制环节就是控制线路中各继电器、接触器之间的动作次序有相互配合、相互制约的关系。这些连锁关系是根据生产工艺过程的要求而设置的。如机床齿轮箱滑油泵电动机必须先于机床主轴电动机起动,而停机时油泵则不能先停。这就需要有连锁控制环节,以保证不会发生与要求相反的情况。类似的连锁控制的应用例子很多。图 13-10 就是这种连锁控制电路。图 13-10(a)中 KM_1 是滑油泵电动机 M_1 的接触器,其常开辅触头 KM_1 既是它的自锁触头又是连锁触头,只有 KM_1 闭合,主轴电动机 M_2 的接触器 KM_2 才有可能通电。停机情况是要么按下 SB_1 两机一起停,要么按下 SB_3 只能主轴电动机先停。图 13-10(b)则是单独用一个常开连锁触头 KM_1 串入 KM_2 的线圈电路,实现起动次序的连锁。可见这种动作次序的连锁是将先动作电器的常开触头串入后动作电器的线圈电路中。试分析图 13-11 控制电路的功能。

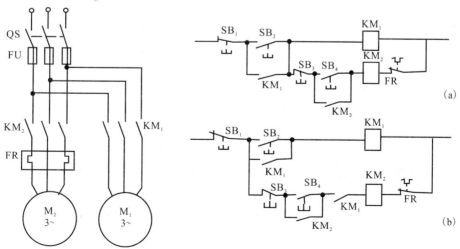

图 13-10　电动机的起停次序连锁控制

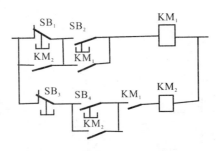

图 13-11　两电动机的连锁控制

13.2.4　行程及定时起动和制动停车控制

图 13-12 为一小功率(10 kW 以下)单速电动-机械舵机控制线路。是单动操舵方式。操舵手柄按压左舵或右舵按钮,使左舵接触器 KM_L 或右舵接触器 KM_R 通电,舵机电动机正转或反转,舵叶左偏或右偏。为防止舵叶偏转大于35°而发生堵转,将最大舵角限位开关 SQ_L 和 SQ_R 分别串入 KM_L 和 KW_R 线圈电路中,作为终端保护(图中没有标出,省略)。当舵叶偏转到最大舵角时,使限位开关 SQ_L(或 SQ_R)断开,接触器 KM_L(或 KM_R)和电动机相继断电,舵叶不再继续偏转。

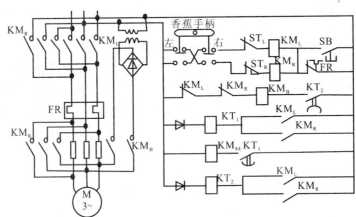

图 13-12　单速电动-机械舵机控制电路(香蕉柄舵)

为了使电动机断电后能迅速停车、该线路采用了能耗制动。能耗制动的操作过程:①先断开电动机的三相电源,随后立即接通直流电流进行制动;②待电动机转速为零时,应及时地断开直流电源。控制线路就是按此操作要求自动完成能耗制动。图中用接触器 KM_B 执行直流电源的通断,用 KM_L 和 KM_R 两个常闭连锁触头与 KM_B 线圈串联作为能耗制动开始的条件。由断电延时继电器 KT_2 控制能耗制动的结束。时间继电器线圈的通断由 KM_L 和 KM_R 的常开连锁触头并联控制,只要其中任意一个接通,KT_2 线圈就有电,KT_2 的常开触头就立即闭合,为制动接触器 KM_B 线圈通电作好准备。只有当左右舵接触器都失电时 KT_2 失电,其常开连锁触头才延时开,制动接触器线圈断电,切断直流电流,此时电动机已经停止。

为了限制电动机的起动电流,采用定子电路串电阻 R 限流,达到正常转速时将起动电阻自动短路切除。这一起动过程由起动接触器 KM_{st} 和时间继电器 KT_1 执行。其连锁控制过程读者可自行分析。

当电动机过载热继电器动作时,其常闭触头 FR 断开,电动机将停止。热继电器双金属片须待冷却后才能复位,如果在此期间需要操舵,则须按下与常闭触头 FR 并联的应急按钮 SB。

13.3　船用泵控制线路

13.3.1　双位自动控制

上述各种电动机控制电路都是由手动发出起动停车指令的。但机舱也有很多设备是根据某种物理量的变化(如温度、压力、液位等)的上、下限值而进行自动控制。这种根据给定的上、下极限值进行自动控制的就是"双位"控制。如对船舶日用海、淡水柜电动给水泵的控制,要求水柜中经常保持有足够的水量而又不要频繁起动给水泵,因此给定水柜中的最高水位 H_H 和最低水位 H_L 两个极限值,当水位低于 H_L 时水泵电动机自动起动给水,水位高于 H_H 时水泵停止给水。水位的变化使水柜液面上部密闭空间的空气压力发生变化,因此在水柜顶部装一压力继电器 K_P 来进行水位的监测。用压力继电器代替人对水位进行监测,并根据水位的高低代替人"按"起动按钮和停止按钮。

13.3.2　船用泵控制线路

图 13 - 13 和 13 - 14 分别为组合式高低压压力继电器和给水泵自动控制原理图。压力继电器左面的低压力微动开关 6 的触点为 KP(L),右面的高压力微动开关 7 的触点为 KP(H),右面的弹簧 1 的压力比左面弹簧 1 的压力大。当水位低于高限 H_H 时,高压触点 KP(H) 一直保持闭合。当水位下降到低于下限 H_L 时,低压触点 KP(L) 闭合,如果转换开关 SA 置于"自动"位置,则接触器 KM 自锁通电,给水泵起动供水;当水位超过 H_L 时,水柜压力 P 向上顶压波纹管,通过波纹管中的顶杆传动,使杠杆式摆动板 5 逆时针压微动开关 6,使低压力触点 KP(L) 断开,但由于有常开触头 KM 的自锁水泵继续运行,直到水位超过高限 H_H 时,高压波纹管 4 足以克服高压弹簧压力使微动开关 7 的触点 KP(H) 断开,接触器 KM 断电,水泵停止。触点 KP(H) 起"停止"按钮的作用,所以当水位下降到低于高限 H_H,KP(H) 恢复闭合时,水泵也不会起动,直到水位再次低于低限 H_L 时,水泵才能重新起动。

若压力继电器出现故障,可将转换开关 SA 置于"手动"位置,这就成了普通的手动操作自锁控制。

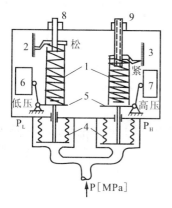

图 13 - 13　压力继电器

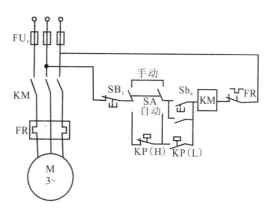

图 13 - 14　海(淡)水柜自动控制电路

13.4　电动起锚机控制线路

锚机和绞缆机通常做成连动机组。根据所用动力不同,锚机及绞缆机可分为气动、电动、电动-液压和内燃机驱动等几种,目前以电动锚机及绞缆机应用最广。

起锚机有立式和卧式两种。它除了用于抛锚和起锚外,还可用作系缆。起锚机有正常起锚和应急起锚两种工作状态。

13.4.1　正常起锚的全过程(见图 13-15 和图 13-16)

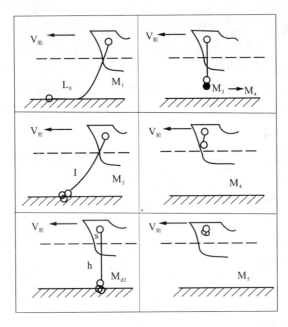

图 13-15　正常起锚过程示意图

(1)第一阶段,收起躺在海底的锚链:将主令控制器手柄扳到起锚位置,电动机以全速收起躺在海底的一段锚链。此时电动机轴上的负载力矩 $Mf = Mf_1$ 不变,船舶在锚机的拉力作用下移近抛锚点,锚链的垂直部分形状不变。

(2)第二阶段,收紧锚链:锚爪抓住泥土,锚机将锚链拉紧,船在此力的作用下前进,电动机的负载力矩逐渐增大($Mf = Mf_1 \sim Mf_2$),转速下降。

(3)第三阶段,拔锚出土:在锚链拉紧后,靠船舶前进的惯性拔锚出土。若锚不能拔出,则电动机会发生堵转,电动机停止转动,电流增大。为了防止电动机因堵转而损坏,要求电动机有软的机械特性,即保持电动机的堵转力矩为额定转矩的两倍。堵转的时间不允许超过 1 min。为防止堵转时间过长,常要求动车"慢速前进"以靠推进器推动船舶前进来拔锚出土。

(4)第四阶段,收起悬于水中的锚及锚链:锚出土后,电动机的负载力矩突然降低到 Mf_3,而其转速增加,随着锚链不断缩短,电动机的负载力矩也渐降低到 Mf_4。此后,操作人员要向驾驶员报告所余的锚链数。

(5)第五阶段,将锚链拉入锚链孔中:在操作人员打钟报告锚已出水后,就用低速档小心地将锚收进锚链孔中。在拉锚入孔时,由于摩擦,电动机的负载力矩增大到 Mf_5。起锚完毕后,用止链器刹住锚链。

　　起锚过程的各阶段电动机的阻力矩变化如图 13 – 16 所示,与此相对应的电动机实际所发挥的转矩曲线即负载图如图 13 – 17 所示。从图 13 – 17 可见,起单锚的总时间为 T,因此,若正常的抛锚深度为 100 m,依次起双锚的时间为 2 T,则电动机的工作时间约为 30 min。故起锚电动机通常选用 30 min 短时工作制的电动机。

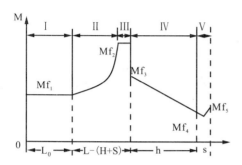

图 13 – 16　电动机各阶段负载力矩曲线
L_0 – 躺在海底的锚链长度;L – 悬链总长度;
H – 抛锚深度;S – 锚链孔离水面距离

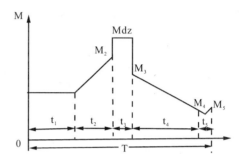

图 13 – 17　正常起锚时电动机的负载图
t_1 – 收起 L_0 的时间;t_2 – 收紧锚链的时间;t_3 – 拔锚出土的时间;t_4 – 收起悬于水中的锚及锚链时间;t_5 – 拉锚入孔时间;$M_1 \sim M_5$ – 电动机发挥的力矩;Mdz – 电动机堵转力矩

　　(6)抛锚:抛锚时,若抛锚处海水不深,则可松开锚机的止链器,依靠锚及锚链的自身重量来实现。但在水深超过 50 m 时,应采用电动抛锚,使锚等速下落。

13.4.2　应急起锚

　　若抛锚处水深大于锚链全长,则锚将达不到海底,这时应使用锚机电动机将悬于水中的锚及锚链(约 200 m)收起,这时电动机的工作状态不同于正常情况,故称应急起锚状态,其负载图如图 13 – 18 所示。

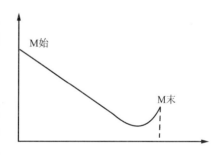

图 13 – 18　应急起锚时电动机的负载图

13.4.3　电动锚机控制电路的技术要求

　　(1)控制线路中应设有自动逐级延时启动环节。

　　(2)电动机要有软的或下坠的机械特性,电动机应能承受堵转 1 min,堵转力矩应为额定力矩的 2 倍。

　　(3)电动机应能在最大负载力矩下启动。应急起锚时,电动机应能正常启动,在 30 min 内应能保证起锚 25 次。

　　(4)深水抛锚时,控制系统应能使电动机工作在再生制动或能耗制动状态,以便实现把变速抛锚变为等速抛锚。

　　(5)控制系统应能满足在正常抛锚深度下,单锚的平均速度不小于 12 m/min,双锚不小于 6 m/min,收锚入孔一般在 3 m/min 左右。

　　(6)控制系统应采用电气及机械配合的制动。以满足快速停车和保护电动机的要求。

（7）应能满足在给定的航区内，单锚出土后能起双锚。

（8）要求起锚设备重量轻，成本低，调速平滑，控制简单，操作方便。

13.4.4　起锚机控制线路的特点

在交流船舶上，起锚机一般采用变极调速异步电动机、F—D 系统、电动 - 液压系统等形式。近来可控硅 - 直流电动机调速系统也逐步应用到起锚机电力拖动中。

起锚机的控制电路一般有如下特点：

（1）用主令控制器来接通继电器、接触器对电动机进行正转、反转和调速控制。

（2）当主令控制器手柄从零位突然扳到高速档时，控制线路应具有自动起动环节。

（3）控制线路应适应电动机能堵转 1 min 的要求。

（4）在深水抛锚时，控制线路应有再生制动和能耗制动的环节，实现等速抛锚。

（5）控制线路应有短路保护、失压保护、过载保护等保护环节。

（6）控制线路应有电气及机械相配合的制动环节，以便能快速停车。

13.4.5　电动起锚机控制线路

图 13 - 19 为交流三速电动起锚机控制线路图。该控制电路是可逆的对称控制系统，用主令控制器控制继电器和接触器实现电动机的起动、调速、停止及反转。

电动机采用三速鼠笼式电动机，有两套独立绕组：一套为 4 极高速绕组；另一套是可变极绕组，单三角接法时是 16 极低速，双星形接法时为 8 极中速。高速和中速的转换是恒功率调速。中、低速级采用直接起动，中速至高速按时间原则自动延时起动。

在高速运行过载时，能自动瞬时返回到中速运行。负载减轻后，要将主令手柄扳回中速后再扳到高速才能再次进入高速运行。过电流继电器 GLJ 的动作电流为高速级额定电流的 110%。

此外，控制电路还有如下保护功能：失压保护、低速及中速级热保护，高速级过载保护，短路保护等。

13.4.6　电路的工作原理

（1）起动与运转：合上电源开关 DAK 和控制电路电源开关 LK，则主令控制器上的电源指示灯 XD 亮。主分手柄在零位时，LK1 闭合，失压继电器 LYJ 通电，触头（3～5）闭合，控制电路获电，同时时间继电器 3SJ 通电，触头（51～53）闭合，为 ZDQ 通电作准备。

起锚第一档：

主令手柄扳到起锚第一档时，LK1 断开，LK2、LK4、LK7 闭合。方向接触器 ZC 和低速接触器 1C 通电，电动机绕组以三角形接法通电，同时 ZDQ 通电，制动器松开，电动机低速运行。ZC 辅助触头（15～17）断开，使 ZC 与 NC 间实现电气互锁，而 ZC 的辅助触头（59～57）断开，使 3SJ 断电，触头（51～53）延时（不小于 1 s）断开；使制动器线圈 ZDQ 串入经济电阻 R3。

起锚第二档：

主令手柄扳到起锚第二档时，LK4 断开，LK5 闭合。1C 断电，中速接触器 2C2、2C1 相继通电，电动机以双星形接法通电中速运行。2C1、2C2 与 1C 间通过其辅助触头进行电气连锁。时间继电器用 1SJ 通电，触头（33～35）延时闭合，为 3C 通电作准备。

起锚第三档：

主令手柄扳到第三档时，LK6 闭合，中间继电器 OJ 通电，其触头将过电流继电器 GLJ 线圈短接,使 GLJ 在换档过程不动作。高速接触器 3C 通电,电动机高速绕组通电,同时辅助触头(2～6)断开,而辅助触头(37～39)闭合,使 3C 线圈自锁并使 1C、2C1、2C2 断电,电动机高速运行。同时时间继电器 2SJ 通电,其触头延时断开(2SJ 延时整定在电动机的额定负载时,中速级稳态转换到高速级稳态的时间,一般为 1～2.5 s),使 OJ 断电,其触头断开,GLJ 便起高速级过载保护作用。

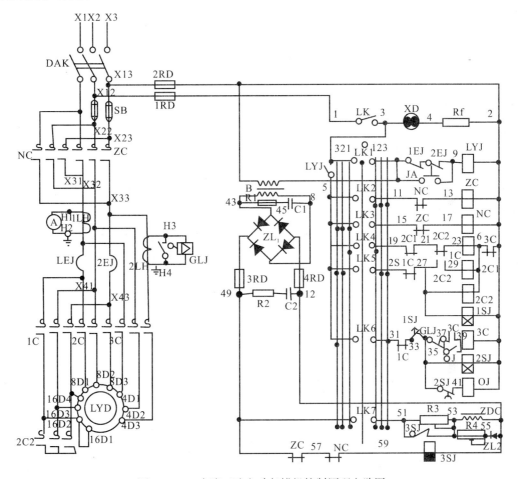

图 13-19　交流三速电动起锚机控制原理电路图

UYD-交流三速电动机;ZC-正向接触器;NC-反向接触器;LYJ-零压继电器;GLJ-过电流继电器;OJ-中间继电器;LK1～LK7-主令控制器触头;A-交流电流表;ZDQ-直流圆盘制动器;1C、2C1、2C2、3C-低速、中速、高速接触器;1SJ、2SJ、3SJ-时间继电器;1LH、2LH-电流互感器;1EJ、2EJ-热继电器;XD-指示灯;B-变压器;JA-应急按钮;DAK-刀开关;ZL1、ZL2-硅二极管;1RD～4RD-熔断器;Rf-附加电阻;R3-经济电阻;R4-放电电阻;LK-控制器电源开关

高速级运行过载时,GLJ 动作,触头断开,3C 断电,使 2C2、2C1 相继通电,电动机转换到中速级运行。3C 断电后,其自锁触头(37～39)断开,因而过载消失后不能自行通电,如需高速运行,其手柄必须从第三档退回第二档,再扳到第三档才行。

主令手柄由零位快速扳至起锚第三档:

手柄从零位快速扳至起锚第三档时,2C2、2C1 立即通电,电动机直接中速起动,经 1SJ 延时后(一般为 0.5~2 s),3C 通电,转换到高速运行。

当热继电器 1EJ、2EJ 过载动作时,因热继电器自动复位时间约需 2 min,在应急情况下,仍需要电动机低速或中速运行时,可按下主令控制器上的应急按钮 JA,使电动机继续强行工作。

(2) 抛锚(反转)与停车:主令手柄放在抛锚各档时,工作情况与起锚相同,仅以方向接触器 NC 代替 ZC 通电,使电动机反转。深水抛锚时,电动机在锚重的拖动下进入再生制动状态,实现等速抛锚。

停车时,主令手柄扳回零位,电动机电源被切断,制动器断电进行机械制动,电动机迅速停止运行。

13.5　船舶电力拖动装置的配备要求

13.5.1　一般要求

(1) 额定功率等于或大于 1 kW 的电动机及所有重要用途的电动机,均应由独立的分路供电。

(2) 每台电动机均设置有效的起动和停止装置,其位置一般在电动机旁,且应便于管理电动机人员的操纵。

(3) 额定功率等于或大于 0.5 kW 的电动机及其控制装置,应设置能把满负载从电源的所有带电电极上切断的装置。如果这种控制装置是装在主配电板或其他配电板上,则可以用这些配电板上的按钮切断上述负载的电源,否则应在控制装置箱内装设一个切断开关或单独装设一个有封闭外壳的切断开关。

(4) 起动器用于切断电动机的任何其他电器装置远离电动机,应采取下列任何措施之一:
1) 能够在"分断"位置上把电路锁定在断开状态的措施;或
2) 在邻近电动机处装设一附加的切断开关;或
3) 使安装在每一个带电板或相上的熔断器可以方便地由专职人员卸除和保管。

(5) 容量大于 0.5 kW 和重要设备的电动机,均应设有独立的过载、短路保护及满足规定的欠电压保护。

(6) 用改变励磁进行调速的电动机、应设有全励情况下才能起动的装置。

(7) 应选择适当的起动器,以保证电动机能良好起动。视电站容量,必要时应采用限制起动电流、防止电网产生过大电压降的措施。

(8) 如采用公共起动系统时,此系统中每台电动机均应配备欠电压、过电流保护、切断设施和运转指示器,其有效程度应不低于每台电动机单独使用一套起动器时的要求。若起动系统为自动类型,应另备适当的手动操作设施。若此项起动器是用于重要用途的电动机时,则其起动部分应为双套,并设置转换装置,当其中一套发生故障时应能立即进行转换。

(9) 在失电后恢复再供电时,能自行起动的电动机,如机舱电动机,为主机服务的副机电动机为防止出现过大的电压降落,应按顺序起动。

13.5.2　操舵装置

舵是控制船舶方向的,对船舶航行安全极为重要,《国际海上人命公约》(SOLAS 公约)和现行《规范》都对操舵装置提出了明确具体的规定:

（1）供电：

1）由一台或几台动力设备组成的每一电动或电动液压操舵装置至少应由主配电板设两路独立馈电线直接供电，其中一路可以由应急配电板供电。这些馈电线应有足够的容量，使之能同时与它们连接且可能同时向工作的所有设备供电。

2）主操舵装置具有两台或几台相同动力设备。其电动或电动液压主操舵装置每一动力设备由主配电板设一路直接供电，其中一路可由应急配电板供电。

3）与主操舵装置联用的电动或电动液压辅助操舵装置，可与供电给主操舵装置电力的电路之一直接供电。

4）在驾驶室操纵的主操舵或辅助操舵装置的控制系统的供电要求：①由位于舵机室内某处所且与相应的操舵装置动力线路联用的独立线路供电；②也可以由主配电板或应急配电板设独立线路直接供电。该独立线路应邻近相应的操舵装置动力线路，并与它位于同一汇排的区段内。

5）电力线路和控制系统及其附件，电缆和管子应在他们全长范围内尽量地远离。

6）对于舵柄处舵杆直径大于 230 mm（不包括航行冰区加强）的所有船舶，应有能在 45 s 内向操舵装置自动提供的替代动力源：①可以是应急电源或设在舵机室内的独立电源；②其容量至少应能向规定要求的设备及联用的控制系统和舵角指示器供电，其供电时间为 10 min。

（2）保护：

1）操舵装置所用电路（包括控制电路）和电动机应设短路保护；

2）电路及电动机一般不设过载保护，仅设过载报警。若设有包括起动电流在内的过电流保护，还应不小于所保护电路或电动机满载电流的 2 倍，并应配置能允许适当起动电流的通过。

3）所有电动或电动液压操舵装置均设置舵角限位保护。

（3）报警：操舵装置发生故障时，应在驾驶室内发出声、光报警。

报警和监测应满足下表 13-1 要求。

表 13-1　报 警 要 求

项　　目	报　警	备　　注
操舵装置动力设备的动力	失效	—
舵机电路及电动机	断相及过载	每一电动机工作时，均应于驾驶台机舱主控制站进行运行指示
操舵装置控制系统动力	失效	—
操舵装置液压油柜油位	低	每一油柜均应进行监测
舵角位置	—	
自动舵装置	失效	进行运行指示
液压油温度	高	在油冷却器安装处
液压油滤油器压力差	高	当滤油器安装时

（4）操舵装置的控制：

1）对主、副操舵装置的控制：①当动力源发生故障失效后又恢复转送时，能自动再起动；

②能从驾驶室控制使其投入工作;③在舵机室内应设有能将驾驶室操作的控制系统与其服务的操舵装置分开的设施。

2)主操舵装置的控制:①主操舵装置,应能在驾驶室和舵机室两处都设有控制器;②应设有两套独立的控制系统,并每个系统均能在驾驶室控制;但并不要求两套操舵手轮或手柄。若控制系统是由液压遥控传动装置组成时,除 1 000 总吨及以上的油船、化学品船、液化气体运输船外,不必设置第 2 个独立控制系统。

3)辅助操舵装置:①应能在舵机室进行控制;②若辅助操舵装置是用动力操纵,则也应能在驾驶室进行控制,并应独立于主操舵装置的控制系统。

(5)指示和通信:

1)驾驶室内,应设有电动或电动液压操舵装置电动机运转指示器;

2)当主操舵装置为动力操作时,应在驾驶室内设舵角指示器;该舵角指示系统应独立于操舵装置的控制系统;

3)在舵机室内应设有指示舵叶角度的指示器;

4)在驾驶室与舵机室之间应设有有效的通信设施。

第14章　船舶安全用电

14.1　船用电气系统的接地保护

14.1.1　船舶电气系统的接地类型

船舶电气系统的接地是指对船舶电气设备的金属外壳、支架和电缆的护套与金属船体做永久性的电气连接。它是一项重要的安全保护措施。根据接地的功用,船舶接地保护的类型主要有以下几种。

(1) 保护接地:为了防止电气设备因绝缘损坏,使人遭受触电的危险,将电气设备金属外壳与地(船体)做电气连接,叫保护接地。凡是电压在 36 V 以上的电气设备和电缆的外壳都应进行保护接地。它适用于中性点不接地的三相三线制系统。

图 14 - 1 所示,电气设备未接地时,若某处绝缘损坏,金属外壳就带电。由于电网和船体间存在分布电容和绝缘电阻,人触及设备金属外壳时,电流就经人体形成回路,使人触电。当设备金属外壳接地时,人体与接地体并联,由于人体电阻比接地体电阻大得多,所以流经人体电流很小,几乎为零,因此避免了触电。

(2) 工作接地:为了保证电气设备在正常情况下能可靠运行所进行的接地叫工作接地,如三相四线制系统的中性点接地,电焊机的接地线接地等。由于它是通过接地线构成回路而工作的,故称为工作接地,如图 14 - 2 所示。

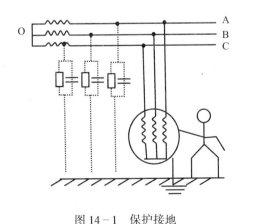

图 14 - 1　保护接地

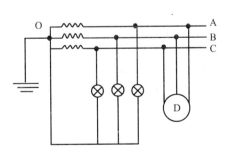

图 14 - 2　工作接地

根据《钢质海船入级与建造规范》规定,工作接地与保护接地不能共用接地线和接地螺丝。

(3) 保护接零:在中性点接地的三相四线制系统中,将电气设备正常情况下不带电的金属外壳与系统的零线相连接,以避免人体遭受触电的危险。如图 14 - 3 所示,当电气设备发生碰壳短路时,短路电流经零线构成回路,发生单相短路,使保护装置迅速动作而切断故障设备。

(4)屏蔽接地:为了防止电磁场干扰,在屏蔽体与地或干扰源的金属外壳与地之间所作的良好电气连接叫屏蔽接地(防干扰接地)。如图14－4所示,其原理是金属外壳感应的电荷与大地中极性相反的电荷中和,变为中性,使壳内怕干扰的设备得以保护。

除了上述4种接地方式外,还有避雷接地和重复接地等。

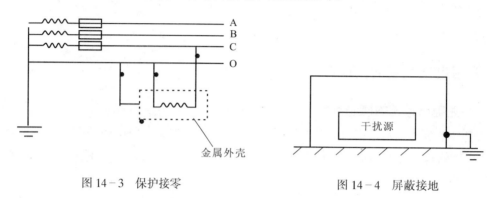

图14－3　保护接零　　　　　　　　　图14－4　屏蔽接地

14.1.2　船舶上必须接地或接零的部分

(1)电机、变压器及各种电器的金属外壳及其操作机构。

(2)配电板、控制台等设备的金属构架及金属遮拦。

(3)电缆、电线的金属护套,金属保护管及裸母线(汇流排)的外罩保护网。

(4)电焊变压器,电压、电流互感器的二次线圈。局部照明变压器的二次线圈。

(5)避雷针、避雷器。

(6)移动和手持电动工具的金属外壳。

14.1.3　接地的安装要求

(1)保护接地:当电气设备直接紧固在船体的金属结构上或与紧固在与船体金属结构有可靠电气连接的底座上时,可不另设专用导体接地。可携式电气设备均应采用软电缆连接,接地线接地。

专用接地导体应用铜或导电良好的耐蚀材料制成,必要时应采取防止损伤及防蚀的措施。

接地铜导线的截面积 Q 与电气设备的电源线的截面积 S 的关系如下:

$S < 4\ \text{mm}^2$ 时, $Q = S$,但不小于 $1.5\ \text{mm}^2$;

$4\ \text{mm}^2 < S < 120\ \text{mm}^2$ 时, $Q = S/2$,但不小于 $4\ \text{mm}^2$;

$S > 120\ \text{mm}^2$ 时, $Q = 70\ \text{mm}^2$ 。

可携式电气设备的铜接地导线,其截面积 Q 与电源线的截面积 S 的关系如下:

$S < 16\ \text{mm}^2$ 时, $Q = S$;

$S > 16\ \text{mm}^2$ 时, $Q = S/2$,但不小于 $16\ \text{mm}^2$ 。

(2)工作接地:这是电气设备工作时所必须的措施。例如,采用蓄电池起动的原动机的电系统接地线,进入无线电室的屏蔽电缆的屏蔽接地,抑制干扰的电容器或滤波器接地,无线电设备的接地,等等。

工作接地不能与保护接地共用接地线或接地螺钉。工作接地的螺钉直径不应小于6 mm,

应接到船体永久结构或与船体永久连接的基座或支架上,不得作为设备的紧固螺钉,且不应固定在船壳板上。

工作接地线的截面积:用于平时不载流的接地时,可为载流导线的截面积的一半,但不应小于 1.5 mm²。

无线电设备的高频接地,应使用独立接地铜排,铜排通过接地板连接至船体金属处。铜排应以最短的路线,一般不超过 1.5 m,总接地电阻不超过 0.02 Ω,将设备接地点与船体金属处作可靠的电气连接。

高频接地的接地板由铜质的底板及压紧盖板组成,底板直接焊接在船体金属结构处,压盖板由直径不小于 6 mm 的螺栓紧固。接地板及其螺栓螺母垫圈均应镀锌,接地铜排应镀锡。

高频接地的接线板及接地铜排规格应根据发信机的功率选择可根据表 14-1 确定尺寸:

表 14-1

发信机功率 (W)	接地铜排规格		接地板规格		
	厚度(mm)	宽度(mm)	长度(mm)	宽度(mm)	厚度(mm)
<50	0.5	50	110	80	12
51~500	0.5	100	170	100	16

14.2　触电、失火及其他电气灾害的预防措施

14.2.1　触电及急救

14.2.1.1　触电伤害的种类

触电是指人体触及到带电的物体,受到较高电压或较大电流的伤害而引起的局部受伤或死亡的现象。按伤害程度不同,可分为电伤(外伤)和电击(内伤)两类。

(1) 电伤:电路放电时,电弧或飞溅物使人体外部发生烧伤、烫伤的现象叫电伤。

(2) 电击:人体触到带电物体,电流通过人体内部器官而造成的伤害叫电击。

14.2.1.2　触电方式

触电时,由于人体接触带电物体的方式不同,而使电流流经人体的路径也不同,其伤害程度也不一样,人体触电的方式一般有 3 种。

(1) 双线触电:操作者身体同时接触两相火线的触电叫双线触电(如图 14-5)。

如图 14-5 这样的触电,操作者两手同时分别触到两根火线,这种触电因人体承受的是线电压,电流通过人身心脏,这是最危险的触电。

(2) 单线触电:在中性点不接地的三相三线系统中,当人体触到某一相时,电流经人体、船体、导线的绝缘电阻和分布电容构成回路,也会造成触电。如图 14-6 所示。由于船舶工作环境差,分布电容比较大,电网的绝缘电阻一般都比较小,这种触电也是危险的。

(3) 单相触电:在中性点接地的三相四线制或船体作中线回路的系统中,操作者触及某一相,就会造单相触电,此时人体承受的是相电压,后果同样十分严重。

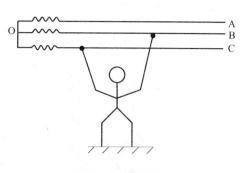

图 14 - 5　双线触电

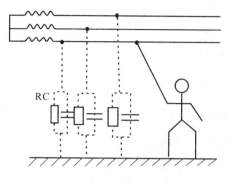

图 14 - 6　单线触电

14.2.1.3　影响触电伤害程度的因素

触电后,人体伤害的程度与下列因素有关:

(1) 流经人体电流的大小:流经人体电流的大小是影响触电伤害程度的主要因素。实验表明,当流经人体电流达到 0.5 mA 时,人就有所感觉。当达到 50 mA 时,人的生命就有危险。

(2) 电流流经人体的路径:人体任何部位触电,都会引起呼吸及中枢系统失调,丧失知觉,甚至死亡,当电流通过心脏时则最危险。

(3) 电流的种类:直流电对血液有分解作用,交流电则破坏神经系统,通常交流电比直流电更危险。

(4) 电源的频率:25～300 Hz 的交流电对人体伤害程度最大,所以船舶上 50 Hz 或 60 Hz 的交流电对人体易造成大的伤害。当频率增高至 2 000 Hz 以上时危险程度相对降低。

此外,影响触电伤害程度还与电压高低,电流持续的时间,人体电阻的大小,人的身心健康状况等有关。电压高,电流持续时间长,人体电阻小,精神不佳、有心脏病的人危险性更大。

14.2.1.4　触电的急救

发现有人触电应立即组织现场抢救。

(1) 迅速脱离电源:人触电后,会引起肌肉痉挛,若手握导线,则会更紧,往往不能自觉脱离电源。如果电源在事故现场附近,救护人应迅速切断电源,但应防止高处触电者坠伤。如果电源离事故现场较远,应随机使用各种绝缘物使触电者脱离带电体,此时一定要防止救护者再触电的连锁事故发生。

(2) 救护:根据触电后伤害的程度采用相应的救护方法。

1) 若伤害不重,未失去知觉,神志清醒,感到有些心慌、乏力、肢体发麻时,应使触电人休息,保持安静,切勿嘈杂喧哗。救护人不要远离触电人,注意有无异常变化。

2) 若触电人已经失去知觉,但还能呼吸,心脏尚在跳动,应将触电人抬到通风处,松开衣服,以便呼吸畅通,保持安静,同时注意观察,以防情况发生变化。

3) 若触电人伤害较重,失去知觉,停止呼吸,但心脏还在跳动,应立即进行人工呼吸。

4) 若触电人伤害相当严重,停止呼吸,心脏也停止跳动。完全失去知觉,处于休克状态,应立即进行人工呼吸和心脏按摩。

救护者必须连续不断进行抢救,有时要进行 4～5 h,直到恢复心跳为止。

触电后严禁注射强心剂。

14.2.2　电气防火防爆

14.2.2.1　电气设备起火的原因

(1)电器设备及电缆的绝缘强度下降或损坏,通电时发生短路、断路、接地等故障而产生的火花。

(2)电气设备或电缆长期过载温升超过允许值,甚至燃烧。

(3)直流电机换向不良,在电刷下引起火花,继电器及接触器触头通断时引起的电弧。

(4)导体接触不良,局部过热引起火花或燃烧。

14.2.2.2　电气防火的要求

为了防止电气设备引起火灾,必须做到:

(1)经常检查绝缘电阻,发现问题及时处理。

(2)限制电气设备和导线的载流量,不允许长期过载。

(3)严格按照安装要求装设电气设备,保证安装质量符合要求。

(4)易燃易爆的场所要使用防爆电气设备。

(5)电缆及其他导体连接要牢固,防止松动。铜－铝导线连接时,要注意电化腐蚀。

14.2.2.3　电气灭火器具

对于已切断电源的大面积的火灾,可用水和常规灭火机。对于未切断电源的电气火灾应采用绝缘性能好,腐蚀性小的灭火机。常用电气灭火工具有以下几种:

(1)二氧化碳灭火机:二氧化碳灭火机钢瓶内贮存高压二氧化碳。其绝缘性能好,并且没有腐蚀性,最适合扑救电子及电气设备火灾。

(2)1211灭火机:1211灭火机的钢瓶内装有一溴二氟一氯甲烷的灭火剂,也是一种扑灭电气火的理想材料。一般船上配电板附近备有这种小型灭火机,它适合扑灭小面积电气火灾。

(3)干粉灭火机:干粉灭火机的灭火药剂有碳酸氢钠($NaHCO_3$)、碳酸氢钾($KHCO_3$)及磷酸氨$[(NH_4)H_2PO_4]$。灭火时依靠压缩空气驱动。干粉灭火机腐蚀性小,电气绝缘性能好,灭火迅速,效果好。但成本高,一般适用小面积灭火。

14.2.3　触电、失火及其他电气灾害的预防措施

为了预防触电、失火及其他电气灾害的产生,应采取以下措施。

(1)限制电气设备的负荷量及电缆的载流量在额定值以下,不得长期超载运行。

(2)严格按照安装要求装设电气设备,保证安装质量符合要求。

(3)严格按照环境条件选择电气设备及电缆。

(4)电气设备的带电部件以外的所有可接近的金属部分均应接地。但下列情况除外:

1)灯头;

2)安装在非导电材料制成或覆盖的灯座或照明设备上的灯罩、反光镜和防护件;

3)设在非导电材料上的金属部件和拧入或贯穿非导电材料的螺钉,这些金属部件和螺钉以非导电材料与带电部件和接地的非带电部件相隔离,因此在正常使用中它们不可能带电和接触接地部件;

4)具有双重绝缘和(或)加强绝缘的可携式设备,但应满足公认的安全要求;

5)为防止轴电流的绝缘轴承座;

6)荧光灯管的紧固件;

7) 工作电压不超过 50 V 的设备。对交流电,此项电压为均方根值,且不应使用自耦变压器取得此项电压;

8) 电缆紧固件。

(5) 可携电气设备可以选用下列的任一种型式:

1) 用附设在软电缆或电线中的连续导体可靠接地、工作电压不超过 250 V 的设备;

2) 具有双重绝缘,工作电压不超过 250 V 的设备;

3) 由只供 1 个用电设备的安全隔离变压器供电、工作电压不超过 250 V 的设备;

4) 工作电压不超过 50 V 的设备。

(6) 配电板的结构和安装应符合 11.2.3 节的要求。

(7) 船长不小于 75 m 的船舶的动力、电热或照明用配电系统都不得采用船体作回路的配电系统。但以下情况例外:

1) 外加电流型阴极保护系统;

2) 有限的和局部的接地系统,如由此可能产生的任何电流并不直接流过任何危险区;

3) 在最不利条件下循环电流不超过 30 mA 的绝缘电阻监测设备。

(8) 当采用船体作回路的配电系统时,所有最后分路,即位于最后 1 个保护电器之后的所有电路均应为双线供电。

(9) 用于电力、电热和照明的绝缘配电系统,不论是一次系统还是二次系统,均应设有连续监测绝缘电阻且能在绝缘电阻异常低时发出报警信号的绝缘电阻监测报警器。对船长小于 75 m 的船舶,可以用接地指示器代替绝缘电阻监测报警器。

(10) 除在例外情况下经验船部门同意外,电缆的所有金属护套和金属外护层均应在其全长上保持电气连续性,并应可靠接地。

(11) 电气设备以外的所有电缆及其布线至少应为滞燃型的,并应在敷设中不致损及它们原来的滞燃性能;在特殊需要的情况下,例如射频电缆或数字计算机信息传输系统电缆,经同意可以使用不符合上述要求的专用电缆。

(12) 重要设备或应急动力设备、照明、内部通信或信号设备用电缆和电线,应尽可能地远离厨房、洗衣间、鱼品加工处所等区域。连接消防泵至应急配电板的电缆,通过高度失火危险区域时,应为耐火型电缆。当实际可行时,所有这些电缆的敷设应使它们不因相邻处所失火所引起的舱壁变热而导致失效。

(13) 如敷设在危险区域的电缆,万一这类危险区的电气故障会引起火灾或爆炸危险时,则应采取防止这类危险的专门预防措施。

(14) 电缆和电线的敷设和支承,应避免其被擦伤或其他损害。

(15) 所有导体的端子和接头,应保持电缆原有的电气、机械、滞燃以及必要时的耐火性。

(16) 每一独立电路均应设有可靠的短路保护和过载保护。如另有明文规定,例如操舵装置的电力供电电路可不设过载保护。

(17) 应有标明每一电路的过载保护电器额定值或相应整定值的耐久标志,该标志应设于保护电器的所在位置。

(18) 照明附件应布置成能防止其温度升高而损坏电缆和电线,并能防止其周围的材料发生过热现象。

(19) 易于发生火灾或爆炸危险处所的照明和动力电路,均应在该处所以外设有能切断这些馈电线的多极开关。

(20) 蓄电池组应适当安放,主要用作存放蓄电池的舱室应有适当的构造和有效通风。

(21) 凡能构成易燃气体着火源的电气设备,不准装设在这些易燃气体存在的舱室内。

(22) 除认可的密封式结构外,蓄电池组不应放在居住处所内。

(23) 电气设备不应安放在易燃混合气体或粉尘易于积聚的处所。包括专门存放蓄电池的舱室、油漆间、乙炔间或类似处所。除非这些设备是:

1) 操作所必需的;

2) 不致点燃易燃混合气体的型式;

3) 适用于有关处所;

4) 经试验证明在可能遇到的粉尘、蒸汽或气体中能安全使用者。

(24) 所有非导体材料桅上均应设有避雷导体。非导体材料构造的船舶上的避雷导体,均应以适当的导体与可靠固定在轻载水线以下船体上的铜板相连接。

(25) 电缆与其他导体的连接必需牢靠,防止松动。

(26) 按照要求定期测量绝缘电阻,发现绝缘电阻下降到最低要求值以下时,应查明原因,及时处理。

(27) 注意日常维护、保养和清洁工作,及时排除电机及电器的故障。

(28) 易燃易爆场所使用防爆电气设备。

第15章　渔船无线电通信设备

15.1　概述

海洋渔业是我国重要的基础产业。随着近海渔业资源的衰退和《联合国海洋法公约》的实施,我国的海洋捕捞结构已由近海逐渐向远洋调整。到目前为止,我国远洋渔业生产已遍布四大洲和三大洋,年捕捞产量达 100 万 t,成为我国海洋渔业重要的经济增长点。远洋渔业是一项高风险的开发性产业,其涉外性、专业性、独立性强,作业范围广,流动性大,对海上遇险安全通信的要求很高。而目前用于远洋渔业的海上遇险与安全系统,是在中频和甚高频波段,通信距离一般在 150 n mile 左右,具有严重的局限性,主要表现为:

(1) 不可能提供远距离报警;

(2) 无论是岸台还是船台收听遇险报警信号都是依靠专人值班守听,这就存在着人为因素;

(3) 遇险报警是人工操作的,在船舶发生突发性事故时(如翻船、爆炸等)就无法进行遇险报警的人工操作;

(4) 虽然船舶也配备了高频设备,但由于短波波段电信号的传输受季节、昼夜等因素差异和所处地理位置的影响,会产生衰落现象,接收地点信号场强很不稳定,而且,国际上对于高频值班守听没有作相应的规定。

上述的局限性,说明现有的系统跟不上现代海上航行及人身安全的要求,由于现代通信与导航技术的发展,包括卫星通信和卫星导航以及大规模集成电路和微处理技术等应用,完全有可能把海上遇险安全通信提高到一个新水平。

区域内,可靠地完成正常业务通信。也就是说,全球海上遇险与安全系统(GMDSS)能满足遇险船舶可靠报警,对遇险船舶可进行识别、定位,满足救助单位之间的协调通信,救助现场的通信;提供可靠、及时的预防措施以及满足船岸之间日常通信等各项要求。

从发展的趋势和方向看,卫星移动通信也将是海洋渔业较为理想的通信手段。

15.2　全球海上遇险与安全系统(GMDSS)

全球海上遇险与安全系统(GMDSS)主要由卫星通信系统、地面频率通信系统、海上安全信息(MSI)系统及寻位系统组成。GMDSS 已从 1992 年 2 月 1 日开始运行,于 1999 年 2 月 1 日全面实施,并完全替代现行海上遇险与安全系统。

15.2.1　GMDSS 的主要功能

(1) 报警:报警是迅速并成功地把遇险信息提供给可能予以救助的单位。这些救助单位,可能是岸上某一救助协调中心(RCC)或相邻的某一艘船,简称为船对岸和船对船的报警。在GMDSS 系统中报警是三个方向的,包括船对岸报警、船对船报警和岸对船报警。

在报警信息中,应指明遇险船的识别码。海上识别码有三种,即船舶电台识别码、船队识别码和岸台识别码。每艘船可按国际统一的九位十进制数字海上识别码(MID)进行识别。同时应指明遇险位置,即有定位功能和应尽可能提供遇险船的遇险性质,有助于搜救的信息。

虽然报警是三个方向的,但主要是船对岸的报警。因为岸上可提供具有现代化的救助设施,通常可以满足救助要求。

(2) 搜救协调通信:搜救协调中心(RCC)通过岸台或岸站与遇险船及与参与救助的船舶、飞机以及陆上其他有关的搜救中心进行有关搜救的直接通信,称为搜救协调通信。搜救协调通信是双方进行有关遇险船舶遇险与安全信息的交换,它具有双向的通信功能与"报警"功能,与只向某一方向运输特定信息不同。

(3) 搜救现场通信:在救助现场与救助的船舶之间,船舶与飞机之间,救助船与遇险船之间的相互通信称为搜救现场通信。一般情况下,这种通信距离比较近。

(4) 寻位(Locating):寻位是指遇险船舶或救生艇发出的一种无线电信号,称为归航信号或寻位信号(homing),它便于救助船舶和飞机寻找遇难船舶、救生艇或幸存的人。

(5) 海上安全信息(MSI)的播发:系统将提供各种手段发布航行警告、气象预报和其他各种紧急信息,以保证航行安全,要求任何一个服从 SOLAS 公约的船舶必须具备接收这些信号的手段。

(6) 一般公众业务的通信:系统要求配备的通信设备除进行遇险、紧急和安全通信外,还能进行有关公约业务的通信,也就是船舶与岸上管理部门、用户进行有关管理、调度、货物及个人方面的通信。其中某些通信从本质上讲也是保证船舶航行安全的。

(7) 驾驶台对驾驶台的通信:驾驶台之间的通信包括传递有关航行安全等避让信息以及水上交通管制系统(VTS)中的 VTF 通信,这种通信在狭水道和繁忙航道航行中是非常重要的。

上述各项功能,归结一点是为了船舶正常航行。

15.2.2　GMDSS 中的通信系统

GMDSS 使用两大通信系统,一是由 INMARSAT 静止卫星通信系统和 COSPAS/SARSAT 极轨道卫星系统组成。其中 INMARSAT 静止卫星通信系统由同步卫星、船舶地面站(简称船站)、海岸地面站(简称岸站)、网络协调站、运行中心五个基本部分组成;COSPAS/SARSAT 极轨道卫星系统由信标、极轨道卫星、区域用户终端和执行控制中心四个部分组成。另一是称为地面通信系统,它是由 MF/HF/VHF 通信分系统组成。各个通信分系统完成如下功能:

(1) MF 通信分系统:用于近、中距离的报警和通信;

(2) HF 通信分系统:用于远距离的报警和通信;

(3) VHF 通信分系统:用于近距离的报警和通信;

(4) INMARSAT 通信系统:它是静止卫星通信系统,用于南北纬 70°以内的报警和通信;

(5) COSPAS/SARSAT 搜救卫星系统:它是一个极轨道卫星系统,专用于搜救目的,可提供用于全球范围内的陆、海、空遇难事件的报警。

在 GMDSS 系统中,用于海上安全信息(MSI)播发也有两个系统,一是岸基 NAVTEX 系统,另一是 INMARSAT 卫星通信系统中的所谓增强群呼系统即 EGC 系统。

NAVTEX 系统是岸基电台使用 518 kHz,向沿海船舶播发海上安全信息。船舶配备 NAV 接收机自动接收信息。

EGC 系统是 INMARSAT 卫星通信系统的一个子系统,它负责向远海海域播发海上安全信息,或者向船队播发商业信息。

15.2.3　GMDSS 系统中船舶使用的设备

属于 INMARSAT 卫星通信系统的 A 标准站、C 标准站、B 标准站和 M 标准站。船站(SES)在 1.6/1.5 GHz 频率上,通过静止卫星的中继与岸站(CES)和陆地公众网络建立可靠的高应急通信,同时实现船对岸和岸对船的遇险报警,还可用 1.6 GHz 应急无线电示位标,通过卫星实现船对岸的遇险报警。同时,船舶可用 EGC 接收设备接收岸站或网络协调站(XICS),通过 INMARSAT 卫星发播的海上安全信息(MSI)。

(1) NMARSAT-A:这是基于模拟方式的最早的 INMARSAT 系统。1980 年推出,它具有电话、传真、电传和 64 kbps 高速数据(HSD)的功能,现在大概有 1 万艘以上的远洋船舶上装有这种设备。INMARSAT-A 符合全球海上遇险与安全系统(GMDSS),它可以在数分钟内给有关单位发送救助信息。

(2) INMARSAT-B:1993 年引入,是在 A 型基础上改为数字化,基本功能与 A 型相同,但增加机载付费电话(on-board pay phone)可以传送较大的数据文件(给岸台)和能建立医疗咨询和实时视频链路等功能,而被(GMDSS)指定为推荐产品。

(3) NMARSAT-C:此种系统是在 1991 年开始推出的,能通过小型终端机提供双向通信的功能。它也是(GMDSS)推荐的品种,现在用户已有 5.5 万以上,在远洋航行的船舶上还配置有安全报警的终端机。其应用方式包括有船队监察,有双向链路的 C、E-mail 等。

(4) INMARSAT-M:本系统在 20 世纪 90 年代中期推出。是一种带有小型盒式终端机,可作为个人通信用的产品,价格中等(低于 INMARSAT-A 和 B 型),具有电话、传真和 2.4 kbps 低速数据传输功能。

(5) INMARSAT-Mini-M:1997 年开始提供,设计上与 INMARSAT-M 型有同样的功能,但终端机型更小,价格更便宜,能方便地安装在小型外洋船舶上。现正在使用中的有数万套设备在远洋船上,除了在船上使用外,也支持陆上、地面站等的付费电话、电话卡等功能。

(6) INMARSAT-Mini-C:在 2002 年初投入使用的这种系统与 INMARSAT-C 具有同样的功能,但其能耗低、终端机便宜、天线缩小。能有 E-mail 及短的文件传送性能。

(7) INMARSAT-E:1990 年后期投产,能支持以卫星为基础的无线电定位紧急救助通信性能(EPIRB),符合(GMDSS)的要求。可以人工启动或在危及船舶时自动启动,并发送信息至邻近救助中心。

属于 COSPAS/SARSAT 搜救卫星系统的设备有 406 MHz EPIRB,它是船对岸报警的手段。

在地面通信系统中所涉及的设备有 MF/HF/VHF 无线电收发信机及相应的各种终端设备。虽然在现存海上遇险与安全通信与常规通信中,也使用 MF/HF/VHF 收发信机,但是,在 GMDSS 系统中,对这些设备的要求提高了,所有技术也复杂了。各种终端设备有数字选择性呼叫终端(DSC)、窄带直接印字电报终端(NBDP)、单边带无线电话(SSB)。数字选择性呼叫终端完成遇险报警、遇险确认及遇险转播等任务,并用该终端代替自动报警、人工值班,实现自动守听。窄带印字电报终端和单片带无线电话完成遇险与安全通信及日常海上航行业务的公众通信。这些通信由"无线电规则"指配了专用的工作频率。

船舶配备的 NAVTEX 接收机(或称航行警告接收机),定时接收岸电发播的区域性航行警告、气象预防和其他紧急信息。

船舶还配备 9 GHz 雷达应答器,与船上工作在 9 GHz 波段上的雷达配套使用,以实现船舶搜救定位。

整个 GMDSS 是一个综合系统,它是采用最适当的通信及导航技术、操作方法和程序、岸基设施和各种安排,以最大限度地保障海上人身与财产的安全。

15.3　GMDSS 船舶无线电设备的配备

15.3.1　海区划分

GMDSS 系统,与我国过去以船舶吨位为界划分海区有很大的变化,它是以无线电波所覆盖区域来划分。也就是组成全球系统的不同无线电分系统有其各自地理覆盖区和所提供业务的限制,要求船舶配备的设备将以船舶航行区域为原则而定。

在 GMDSS 中,根据岸台使用的各种频段无线电波的覆盖范围,共划分四个海区,定义如下:

A1 海区——指以岸台为中心,甚高频(VHF)海岸电台所覆盖的海域。一般是在以 30 n mile 为半径的范围内。

A2 海区——不包括 A1 海区,以岸台为中心,MF 海岸电台所覆盖的海域。一般是以 150 n mile 为半径的海域范围内。

A3 海区——指除 A1 和 A2 海区以外,INMARSAT 静止卫星所覆盖的区域。一般指南北纬 70°以内的海域范围。

A4 海区——指 A1、A2 和 A3 海区以外的海域。即南北纬 70°以外到两极的范围。

15.3.2　对每艘 GMDSS 船舶无线电通信设备的配备

(1) 对于所有 300 总吨及以上的船舶,不论航行在任何海区,均应配备以下设备:

1) 一台 VHF 无线电装置,该装置应能以船舶通常驾驶的位置,在 70 频道进行 DSC 遇险报警信号的发送和接收,以及能在 6、13、16 频道上无线电通话。

2) 一台 VHF 的 70 频道上保持连续 DSC 值班的装置,通常称为 70 频道值班机,此装置可以与(1)所述 VHF 无线电装置组合在一起。

3) 一台工作在 9 GHz 频率上的雷达应答器。在 SOLAS 公约第Ⅲ章中的无线电救生设备中要求配备的其中一台。

4) 一台 518 kHz 的 NAVTEX 接收机,若所航行的区域无 NAVTEX 业务(NAVTEX 仅适用于 A1 和 A2 海区),则可配备一台 INMARSAT 的 EGC 接收机,若航行的区域仅有 HF 的 NBDP 播发海上安全信息,而该船已配备了能接收这种业务的设备,则可以免除。

5) 一台卫星 EPIRB,自浮式并能人工启动,可以是 406 MHz EPIRB,也可以是 1.6 GHz EPIRB,但仅航行在 A1 海区可以采用 VHF70 EPIRB 来替代。

6) 一台 2 182 kHz 无线电话遇险频率值班接收机,对于 1997 年 2 月 1 日或以后建造的船舶可以免此要求。

7) 一台 2 182 kHz 频率上发射无线电话报警信号的装置,对于 1997 年 2 月 1 日或以后建造的船舶可以免此要求。

(2) 船舶航行在 A1 海区,除了上述配备外,还应配备以下设备:

1) 一台位于靠近船舶通常驾驶的位置启动船对岸遇险警报的无线电装置,该装置应能遥控启动 VHF DSC EPIRB、406 MHz EPIRB、1.6 GHz EPIRB 或在 MF 使用 DSC 工作的 MF 装置、HF 装置或 INMARSAT 卫星船站。

2) 要求在基本配备的 VHF 无线电话装置可以发送和接收一般的无线电通信。

(3) 船舶航行在 A1 和 A2 海区,除了具有基本配备外,还应配备以下设备:

1) 一台中频(MF)无线电装置能在 DSC 遇险与安全频率 2 187.5 kHz 上及在无线电话遇险频率 2 182 kHz 为遇险与安全目的进行发送和接收。

2) 一个能在 2 187.5 kHz 频率上保持连续 DSC 值班的装置,此装置可以是 MF 无线电装置的一部分。

3) 其他除了 MF 设备以外的设备,启动船对岸遇险报警发射,这个设备可以是:①406 MHz EPIRB(因上述基本配备中已含此设备,所以已满足此要求);②HF 设备中使用 DSC 工作(4 000 - 27 500 kHz 频段);③INMARSAT 船站或 1.6 GHz EPIRB。

上述报警设备不论选用哪种,其遇险报警的发射均要求在船舶通常驾驶的位置启动。对船舶进行无线电通信业务的要求,应在中频设备中使用 SSB 或 NBDP,或使用 INMARSAT 船站。

对于 1997 年 2 月 1 日以前建造的且仅航行在 A2 海区的船舶,在实际可行时,只要这些船舶能在 VHF 的 16 频道上,以船舶通常驾驶的位置保持连续守听值班,主管机关可以免除 VHF DSC 终端设备和在 70 频道进行 DSC 值班守听的要求。

(4) 船舶航行在 A1、A2 和 A3 海区,可按下述两种方案增加设备:

1) 第一方案:①一台 INMARSAT 船站,该船站可以使用 NBDP 发送和接收遇险和安全通信,启动和接收遇险优先呼叫并能保持岸对船遇险报警值班守听,包括特别指明的地理区域的遇险报警值班以及正常的无线电话或 NBDP 无线电通信业务(通常采用卫星 C 站来满足以上要求,而未加装 EGC 接收装置的 A 站不能保持特别指明的地理区域的遇险报警值班,故 A 站不符合要求)。②一台能在 DSC 遇险与安全频率 2 187.5 kHz 上及在无线电话遇险频率 2 182 kHz 上为遇险与安全目的进行发射和接收的 MF 无线电装置。③一台能在 2 187.5 kHz 频率上保持连续 DSC 值班的装置,此装置可以是 MF 无线电装置的一部分。④第二种船对岸遇险报警设备,可以是 406 MHz EPIRB、HF DSC、INMARSAT 船站或 1.6 GHz EPIRB。

2) 第二方案:①一台 MF/HF 无线电装置。该装置在 1 605～4 000 kHz 和 4 000～27 500 kHz 频带内的所有遇险和安全频率上,为遇险和安全目的使用 DSC/NBDP/SSB 进行发送和接收。②一台 DSC 值班机。该值班机应能在 2 187.5 kHz、8 414.5 kHz 和至少在 4 207.5 kHz、6 312 kHz、12 677 kHz 或 16 804.5 kHz 遇险和安全 DSC 频率的任一频率上保持 DSC 值班的设备,在任何时候,应可能选择这些 DSC 遇险和安全频率中的任一频率。该值班机也可以是上述 MF/HF 无线电装置的部分。③第二种船对岸遇险报警设备,即除了 HF 以外的无线电通信业务启动船对岸遇险报警发射的设备,可以是以下设备中的一种:406 MHz EPIRB,此 EPIRB 可以是基本配备中的 406 MHz EPIRB 或 INMARSAT 船站、1.6 GHz EPIRB。④MF/HF 无线电装置还应使用 SSB 或 NBDP 发送和接收一般无线电通信。

船对岸遇险报警信号的发送,应能在船舶通常驾驶的位置进行。

同样对 1997 年 2 月 1 日以前建造的船舶仅航行在 A2、A3 海区,在实际可行时,只要这些船舶在 VHF16 频道上,从船舶通常驾驶的位置保持连续守听值班,主管机关可以免除 VHF DSC 和在 70 频道 DSC 进行值班守听的要求。

(5) 船舶航行在 A1、A2、A3 和 A4 海区,除了上述基本配备外,还应配备以下设备:

该增加的设备与在 A1、A2、A3 海区的第二方案一样,即一台 MF/HF 无线电装置;一台 DSC 值班机;406 MHz EPIRB 而不能选用 INMARSAT 船站或 1.6 GHz EPIRB 替代。

15.4　渔船无线电通信设备的配备要求

15.4.1　渔船无线电通信设备

15.4.1.1　一般规定

(1) 一般规定:

1) 渔业船舶的无线电通信设备应符合本章规定的要求,并应符合《法定规则》第一篇、第二篇的适用规定。

2) 渔业船舶的无线电通信设备需经主管机关的认可。

3) 对本规则生效时已投入营运的船舶,其无线电通信设备的配备自 2002 年 2 月 1 日实施。

(2) 术语及其定义:

1) "驾驶室对驾驶室的通信"系指从船舶通常驾驶的位置上进行船舶之间的安全通信。

2) "连续值班"系指除船舶的接收能力因自身通信而受到妨碍或阻断或在对设施进行定期维修或检查的短暂期间外,不应中断的有关无线电值班。

3) "数字选择呼叫(DSC)"系指使用数码在电台之间或台组建立联系并传输信息且符合国际无线电咨询委员会(CCIR)有关建议案的一种通信技术。

4) "直接印字电报(NBDP)"系指符合国际无线电咨询委员会(CCIR)有关建议案的自动电报技术。

5) "一般无线电通信"系指通过无线电进行的除遇险、紧急和安全信息通信以外的业务和公共通信业务。

6) "国际海事卫星组织(INMARAT)"系指按 1976 年 9 月 3 日通过的《国际海事卫星组织公约》成立的组织。

7) "国际奈伏泰斯(NAVTEX)业务"系指在 518 kHz 上,使用窄带直接印字电报手段,用英语协调广播和自动接收海上安全信息。

8) "寻位"系指发现并找到遇险的船舶、航空器、海上设施或人员。

9) "海上安全信息"系指向船舶播发的航行和气象警告、气象预报和与安全有关的其他紧急信息。

10) "极轨道卫星业务"系指利用极轨道卫星接收和转发来自卫星紧急无线电示位标(EPIRB)的遇险报警,并提供其位置的业务。

11) "无线电规则"系指届时生效的最新国际电信公约附件或被视为附件的无线电规则。

(3) 无线电员及无线电记录:

1) 每艘船舶应配备有能胜任遇险和安全无线电通信的人员。这些人员应持有无线电规则规定的证书。在遇险时,应指定其中任何一人主要担负起无线电通信的责任。

2) 每艘船舶应配有无线电记录簿,记载有关海上人命安全具有重要性的涉及无线电业务的一切事件。记录应符合无线电规则的要求。

(4) 值班:

1) 每艘船舶在海上时:①安装有 VHF 无线电装置的船舶,如具有 VHF—DSC 功能,应在 VHF 的 DSC70 频道保持连续值班;②安装有 MF 无线电装置的船舶,应在 DSC 遇险和安全频率2 187.5 kHz 上保持连续值班;③安装有 MF/HF 无线电装置的船舶,在 DSC 遇险和安全频率 2 187.5 kHz 和 8 414.5 kHz 频率上以及至少在 DSC 遇险和安全频率 4 207.5 kHz、6 312 kHz、12 677 kHz 或 16 804.5 kHz 中的一个频率上保持连续值班(视一天中的适当时间和船舶所在的地理位置而定,可用扫描接收机来保持该值班);④安装有 INMARSAT 船舶地球站的船舶,应对卫星岸对船的遇险报警保持连续值班。

2) 在 2005 年 2 月 1 日或主管机关可能确定的其他日期之前,在海上航行的船舶,如实际可行,应在船舶通常驾驶的位置上在 VHF—16 频道保持连续守听值班。

(5) 免除:

1) 在特殊情况下,渔业船舶需在规定的营运海区外进行单次航行,原有的无线电通信设备不能满足本章要求时,经主管机关特别考虑,可免除本章中的部分要求,但应保证该次航行安全,并签发《免除证书》,其有效期仅限于该次航行。

2) 对具有新颖特征的任何渔业船舶,如应用本章的任何规定会严重妨碍这种新颖特征的研究和发展,主管机关可予免除这些要求。

但任何此种渔业船舶应符合主管机关认为适合于其预定的用途、并能保证渔业船舶的安全。

3) 如考虑各种安全因素后,完全适用本章规定为不合理或不必要时,则对个别渔业船舶部分或有条件地免除,主管机关将特殊考虑。

15.4.1.2 渔船无线电通信设备的配备要求

(1) 渔业船舶的无线电通信设备应按表 15 - 1 的要求配备。

表 15 - 1 渔船无线电通信设备配备定额表

序号	设 备 名 称	$L < 24$ m	$L \geqslant 24$ m	
			A1 海区	A2、A3 海区
1	甚高频无线电装置(VHF)		1[1]	
2	奈伏泰斯接收机(NAVTEX)		1[2]	
3	卫星紧急无线电示位标(1.6 GHz 或 406 MHz EPIRB)		1[3]	
4	中频无线电装置(MF)		根据实际海区	
5	中频/高频无线电装置(MF/HF)		任选一种[1]	
6	INMARSAT 船舶地球站			
7	救生艇筏双向甚高频无线电话(Two-way VHF)		2[4]	3[5]
8	搜救雷达应答器(SART)		2[5]	
9	渔船用无线电话(27.50~39.50 MHz)	1	1	1

1) 永远处于编队作业的辅船可免配;

2) 中文航行警告业务开展前可以免设;

3) 船长小于 37 m 的现有船应在 2005 年 2 月 1 日或主管机关可能确定的其他日期之后要求配备;

4) 仅对渔政船及渔监船有此项要求;

5) 船长小于 37 m 可减少 1 只。

(2) 表 15 - 1 中的中频(MF)和中/高频(MF/HF)无线电装置应具有 DSC 和电话功能,甚高频无线电装置(VHF)应在 2005 年 2 月 1 日或主管机关可能确定的其他日期之后具有 DSC功能。

(3) 小于 45 m 的国际渔船按照本章配备时(不分海区),还应符合:

1) 甚高频无线电装置(VHF)配 1 只;

2) 卫星紧急无线电示位标(1.6 GHz 或 406 MHz EPIRB)配 1 只;

3) 奈伏泰斯接收机(NAVTEX)在不配 INMARSAT 船舶地球站时,应配备 1 只;

4) 搜救雷达应答器(SART)配 1 只;

5) 港口国的特殊要求;

6) 如港口国对某些配备无规定要求者,经主管机关同意可适当放宽。

15.4.1.3　远洋渔船无线电通信设备的配备要求

远洋渔业船舶的无线电通信设备应按表 15 - 2 的要求配备。

15.4.1.4　渔船无线电通信设备的安装要求

(1) 无线电室:

1) 无线电室应布置于邻近驾驶室,并在同一层甲板上。如该甲板地位有限时,则无线电室的布置不得低于救生甲板。亦可将无线电设备布置在驾驶室或与驾驶室无舱壁分隔的海图室内,但应满足本节的相关要求。

2) 无线电通信设备应安装在机械、电气或其他干扰源的有害干扰不会影响其正常使用的处所,从而确保电磁兼容性,避免与其他设备和系统产生有害的干扰。

3) 无线电室的地板及工作台面应覆以电气绝缘材料。

4) 无线电室如未设直接通往开敞甲板的通道时,则该室应设有 2 个脱险通道,其中之一可为具有足够尺寸的舷窗。

5) 禁止把无线电室作为其他舱室的通道。

6) 无线电室内应清楚地标明呼号、船台识别号及其他适于无线电装置使用的代码。

7) 除由应急电源供电的应急照明外,船长大于 37 m 的船舶无线电室内应设有由无线电装置备用电源供电的临时应急照明。

8) 无线电室若为独立舱室,其与驾驶室之间应设双向通话设备。

9) VHF 无线电话频道控制器应设在驾驶室指挥位置附近,可供随时使用。必要时,还应便于从驾驶室两翼进行无线电通信(便携式 VHF 无线电话可用于满足此要求)。

10) 雷达应答器应存放在易于放入救生艇、筏的位置。

(11) 卫星紧急无线电示位标应安装在自动释放时不受阻碍的罗经甲板或救生甲板上。

(2) 电源:

1) 船舶无线电通信设备的供电及备用蓄电池组的充电应能从船舶电站获得足够的电力。

2) 应备有一个或多个备用电源,以便在主电源和应急电源发生故障的情况下向通信设备供电。对船长小于 37 m 的渔船,可免除此项要求。

3) 备用电源的供电时间应满足:①3 h;或②1 h,如果应急电源能向无线电设备供电。备用电源不必同时向独立的高频和中频通信设备供电。

4) 备用电源应独立于推进动力和电力系统。

表 15 - 2　远洋渔船无线电通信设备配备表

无线电设备			船长≥45 m		船长<45 m (领队船)	船长<45 m (跟船)
主设备	VHF 无线电装置	DSC 收发	2		1	免配
		VHF 无线电话	2		1	1
		DSC 连续值班	1		1	免配
	MF 无线电装置	DSC 收发	1	如配 2 套 IN-MARSAT，要求配备。如配 2 套 MF/HF 无线电装置可免配	如配 1 套 INMARSAT，要求配备。如配 1 套 MF/HF 无线电装置可免配	应配备 1 台 MF/HF 无线电话
		2 182 无线电话	1			
		MF 无线电话或 NBDP	1			
		DSC 连续值班	1			
	MF/HF 无线电装置	DSC 收发	1	如配 2 套 MF/HF 无线电装置，可免配 IN-MARSAT。		
		MF/HF 无线电话	1			
		MF/HF NBDP	1☆			
		DSC 连续值班	1		任选一套时，应按注"3"要求选配主设备	
	INMARSAT	Telex 收发遇险与安全通讯	1	如配 2 套 IN-MARSAT，可免配 MF/HF 无线电装置。		
		优先收发遇险呼叫	1			
		无线电话或 Telex	1			
		岸对船值班	1			
MSI	NAVTEX	518 自动接收 NBDP	1		1	1
	EGC	接收地区群呼	1☆		1☆	免配
示位标	COSPAS	406/121.5 MHz	任选一台		任选一台	任选一台
	INMARSAT	1.6 GHz				
救生无线电	SART	应答雷达信号	2		1	1
	双向 VHF 无线电话	CH16 和另一频率 TX/RX	3		2	2
	渔船用无线电话：27.50~39.50 MHz		1		1	1

注：1）2002 年 7 月 1 日后建造的远洋渔船，应配备 1 台自动识别系统(AIS)，现有远洋渔船不迟于 2007 年 7 月 1 日也应配备。

　　2）船长≥45 m 远洋渔船，不论编队与否，倘未配备二级以上无线电操作员的，应配备双套设备；也可按主设备栏"MF/HF 无线电装置"和"INMARSAT"各选配一套；船长<45 m 的领队船，按单套设备配备。

　　3）"☆"如果船舶航行于国际卫星组织(INMARSAT)覆盖的任一区域内，而该区域无航行警告(NAVTEX)或其他业务，应配备 1 台无线电设备用于接收国际移动卫星组织(INMARSAT)增强群呼系统发播的海上安全信息，但如船舶仅航行在提供了高频直接印字电报海上安全信息业务的海区，且该船配备了接收这种信息的设备，则可免除本项要求。

　　4）装有 ARGOSA 卫星监控系统及 INMARSAT—M 站的渔船，可免配 INMARSAT—C 站设备。

　　5）船长<45 m 北太平洋鱿钓渔船编队船数不得超过 10 艘。

　　6）装船使用的进口无线电设备必须为部局型式认可的产品。

　　5）若备用电源由一个或多个可充蓄电池组成时，则：①应备有对这些蓄电池的自动充电装置，该装置应能在 10 h 内通过充电使蓄电池达到最小容量的要求；②充电装置应装有检查供电网络和蓄电池组电压及充电电流的测量仪表，还应设有逆电流保护装置，防止蓄电池组向船电网络供电。

　　6）如果需要将船舶的导航或其他设备的信息连续输入到本章要求的无线电装置中以确保其适当的性能时，应备有能确保在船舶主电源或应急电源发生故障时能继续提供此类信息的装置。

　　7）作为备用电源的蓄电池的安装位置应保证最有效的使用，且在任何气候条件下，充足电的蓄电池应至少满足所要求的最少工作时间。

8) 备用电源蓄电池组应置于最高甲板之上,并在易于到达之处。也可把蓄电池组安装在防水结构的箱内,该箱应存放在最高甲板之上,并装在离甲板不小于 50 mm 高度处。

9) 对无线电设备供电的分配电板,应自主配电板或应急配电板敷设独立馈电线路供电。各种与无线电设备无关的用电部分,不得接入无线电设备的电路内。但对船长小于 37 m 的船舶,可由驾驶室的其他由主配电板或应急配备板供电的分配电板供电。

(3) 天线装置:

1) 船舶可安装各种型式的使通信设备具有高效率的天线。

2) 天线装置的结构,应能承受 11 级的风力(风速 29 m/s)。

3) 水平天线应满足以下几点:①天线材料应采用钢或铜合金制成的多股绞合线。跨距在 45 m 以下时截面积为16 mm²;跨距在 45 m 及以上时截面积为 25 mm²。②安装天线的索具应能从两面升起及放下。天线悬垂不应超过两悬挂点距离的 6%。③采用平行天线时,其间距应不小于 700 mm。④每根天线应由一整根绞合线构成。在天线与下引线必须打结时,应予以编织,且可靠焊接。⑤为增强 T 型天线的可靠性和耐久性,应将天线与下引线的电气连接和机械连接分开,见图 15-1(a)。⑥船长不小于 45 m 时,为防止主天线由于强风或其他外力而拉断,应采用天线保安装置,见图 15-1(b)。⑦天线下引线端处,应以绝缘子的支索固定,下引线端应与铜接线端子可靠连接,并接至引入绝缘子上。

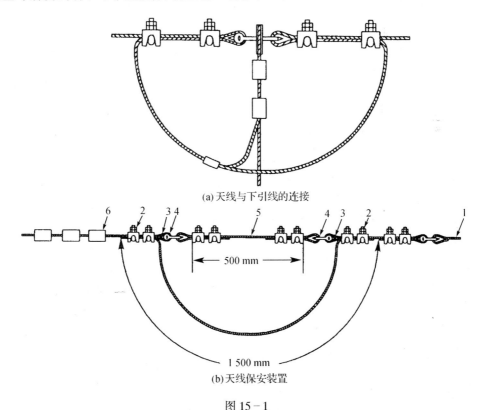

(a) 天线与下引线的连接

(b)天线保安装置

图 15-1

1-天线吊索;2-夹子;3-套环;4-卸扣;5-截面积小于主天线的铜绞线;6-绝缘子

4) 发信机天线的结构,应能消除电晕效应。

5) 天线绝缘子应采用高压高频绝缘材料,并能承受一定的机械负荷。

6) 收信天线与发信天线应尽量远离。

7) 天线装置与烟囱、通风筒、桅杆及上层建筑的其他金属物体的距离应不小于 1 m。

8) 为减少发信机工作时的输出损耗和无线电测向时的误差,在天线周围的索具,应用不等距的绝缘子隔开,绝缘子间距离应为 2～5 m。

9) 收发信机天线不得作其他用途。广播接收天线应尽量远离各种天线。

10) 天线应能使发信机在所需的任何频率上易于调谐。

11) 奈伏泰斯收信机应有保证其连续工作的各自独立的收信天线。

12) 发信天线引入无线电室内,应通过装有高频高压绝缘子,且不至于积水。引入内部的接线,应采用直径不小于 12 mm 的铜柱或高频电缆。引入端结构应便于连接和拆下。

13) 在人员易于到达之处,装设垂直的发信天线引入线时,应有防护措施,且不影响罗经部位的观测。

14) 发信机至天线引入线端间的馈线,应采用直径不小于 8 mm 铜管或高频电缆,铜管或电缆应尽量短。馈线应用绝缘子固定在天花板或舱壁上。

15) 发信机的未屏蔽高频馈线和天线转换开关的布置,应在使用无线电设备时,无偶然与之接触的可能。

16) 收信机天线的每根馈线,应采用高频屏蔽电缆且保持连续屏蔽,馈线应尽可能短。

17) 收信机的天线应设有避雷装置。

18) 天线对船体的绝缘电阻,在干燥气候时,应不小于 10 MΩ;在高湿度气候时,应不小于 1 MΩ。

(4) 接地:

1) 无线电设备的接地,分为高频接地和保护接地。发信设备的高频接地,应使用独立的接地铜排。接地铜排应以最短的路线(其长度应不超过 1.5 m,总接地电阻应不超过 0.02 Ω),将设备外壳与船体金属处进行可靠电气连接。

2) 无线电发信设备与收信设备的接地铜排,应分开安装。

3) 无线电收信设备的保护接地,可以连接至主接地铜排,或使用截面积不小于 5 mm² 的软铜线接至焊接于船体金属处的直径不小于 6 mm 的螺栓上。

15.4.2 渔船航行设备的配备要求

15.4.2.1 一般规定

(1) 若航行设备附有辅助装置,则该装置除应满足本节要求和相应的性能标准外,其操作应尽可能合理可行,且其故障不应影响主设备的性能。

(2) 航行设备控制器的数量、大小、结构、布置和操作方法应适当、简单和灵敏,保证使用者能有效操作,使误操作减至最低限度。

(3) 所有控制器应便于进行正常的调整;并在设备的正常操作位置易于识别,凡不需要经常操作的控制器不应放在易于接近的位置上。

(4) 应具有足够的照明(设备上自带或船上照明),以便随时都能识别控制器和易于看到显示器的读数,并应具有亮度调节装置。

(5) 若配备数字的输入键盘,则从"0"到"9"数字的布置应符合主管机关接受的标准。但如配备的是办公室微机和数据处理使用的字母式键盘布置,从"0"到"9"数字的布置应符合国际标准化组织的有关标准。

(6) 航行设备应具有防止过电流、过电压、电源瞬变和偶然的极性反接的保护装置。

(7) 航行设备可仅由主电源供电。若使用 1 个以上的电源,则应该有迅速从一个电源转接到另一个电源的转换装置。

(8) 设备的外壳应设有可靠的接地装置,但不应由此引起电源任一端接地。

(9) 航行设备应能在通常可能遇到的各种海况、船舶运动、振动、温度、湿度和电源波动的变化等船用环境条件下连续地工作。设备应能经受规定的有关试验。

(10) 航行设备应具有足够的可靠性。

(11) 应采取各种合理的实际可行措施,消除和抑制设备与船上其他设备之间的电磁干扰。

(12) 应采取一切措施保证设备辐射的电磁射频能量对人体无害。

(13) 可能造成 X 射线辐射的元件和设备,应符合以下规定:

1) 在正常工作条件下,设备的 X 射线外辐射量应不超过有关标准的限度;

2) 当设备内部所产生的 X 射线辐射超过有关规定的标准时,应在设备内部安装明显的警告标志,并在设备手册中写明使用设备时应采取的防护措施;

3) 如设备任一部分发生故障可能增加 X 射线的辐射量,则设备资料中应有适当的说明,并对可能增加辐射的情况提出警告并指出应采取的防护措施。

(14) 应限制航行设备各部件产生的机械噪声,使其不妨碍与船舶安全有关的听觉。安装在驾驶室、海图室及其他噪声敏感区内的航行设备及其部件所产生的噪声级应不超过 65 dB(A)。

(15) 在标准磁罗经或操舵磁罗经附近的设备及其部件,应按规定安装,并应清楚地标示这些设备离开磁罗经的最小安全距离。

(16) 航行设备的外壳防护型式,应与其安装使用的场所相适应。

(17) 连接航行设备的电缆网络的敷设,应符合本篇规则有关要求。

(18) 设备的设计应使主要装置易于更换,无需仔细复杂的重新校准或调整。

(19) 航行设备的制造和安装应方便检查和维护保养。

(20) 航行设备应具有标明制造厂、型号和编号、出厂年月等的铭牌以及经船用产品检验合格的标志。

15.4.2.2　渔船航行设备的配备要求

(1) 航行设备的配备应根据其航区和船长(L),按表 15 - 3 的规定配备。

(2) 本节所要求配备的航行设备,经验船部门特殊考虑后,可允许使用其他等效的设备来替代。

(3) 对航行时间不超过 2 h 的短航程船舶可按照本节表 15 - 3 中的Ⅲ类航区要求配备,另外在某些特定航线上航行的船舶,经验船部门特别批准可适当降低配备要求。

(4) 所有船舶应备有为其计划航线所必需的足够的和最新的海图、航路指南、灯塔表、航行通告、潮汐表以及一切其他航海出版物。

表 15－3　渔业船舶航行设备配备定额表

最低配备定额 航行设备名称	航区分类 Ⅰ类 Ⅱ类 Ⅲ类	备　注　（L 为船长 m）
1.航海罗经		
（1）磁盘经:标准磁罗经	1　1	L＞45 m 要求配备
操舵磁罗经	1　1　1	所有船舶均需要配备。若配备有反射磁罗经的船舶可免除。L＜24 m 可装设 B 级罗经
备用磁罗经	1　1	L＞45 m 要求配备,但已设有 1 台操舵罗经或电罗经的船舶可免除
（2）电罗经	1　1	1) 在 1984 年 9 月 1 日或以后建造的 L＞45 m 的要求配备（且在主操舵位置应能清晰读出电罗经或电罗经复示器的标示） 2) 在 1984 年 9 月 1 日以前建造的 L＞75 m 的要求配备
电罗经附属的方位分罗经	2　2	若方位分罗经设置于驾驶室外的两翼甲板上,而该甲板顶上是遮阳的。则应另在驾驶室顶上的露天甲板处增设 1 个分罗经
电罗经附属的航向分罗经	按所需要数量配备	至少应在主操舵位置(若此位置上能清晰地从主罗经读数则除外)和应急操舵位置上设置
（3）舵角指示器	1　1　1	1984 年 9 月 1 日以前建造的 L＞75 m 的和 1984 年 9 月 1 日或以后建造的 L＞45 m 的要求配备
（4）推进器转速指示器	1　1　1	1984 年 9 月 1 日以前建造的 L＞75 m 的和 1984 年 9 月 1 日或以后建造的 L＞45 m 的要求配备①
2.无线电导航设备	凡从事对拖作业的渔业船舶,只要求在主船上配备	
（1）雷达	1　1	L＞35 m 要求配备,并应能在 9 GHz 频带上工作
（2）电子定位设备(GPS等)	1　1	L＞24 m 要求配备
3.测探设备		
（1）回声测深仪	1　1　1	1) 在 1980 年 5 月 25 日以前建造的 L≥75 m 的和 1990 年 5 月 25 日或以后建造的 L≥45 m 的要求配备 2) 可用带有回声测深功能的鱼群探测仪代替
（2）测探手锤	1　1　1	
4.避碰仪器		
雷达反射器	1　1　1	非钢质渔船要求配备

注:①如装有可调螺距桨或横向推进螺旋桨,应配有显示该螺旋桨的螺距和工作模式的指示器,所有这些指示器应能从指挥位置读出。

参 考 文 献

1　中华人民共和国渔业船舶检验局.渔业船舶法定检验规则.北京:人民交通出版社,2000.4
2　中国船级社.钢质海船入级与建造规范.北京:人民交通出版社,2001.9
3　中华人民共和国渔业船舶检验局.渔业船舶检验与发证程序和证书填写规定.北京,2002.10
4　中华人民共和国农业部渔船检验局.钢质海洋渔船建造规范.北京:国防工业出版社,1998.8
5　中华人民共和国农业部渔船检验局.渔船检验人员培训教材.北京,1996
6　中华人民共和国交通部渔船检验局.交通行政执法人员岗位培训系列教材.北京,1998.11
7　中华人民共和国港务监督局.全国海员培训系列教材.北京,1999
8　农业部渔政渔港监督管理局.远洋渔业船员培训教材.北京,1989.10
9　应光彩、汪妙强.全国渔业船舶职务船员培训统编教材.北京:中国科学技术出版社,1993.12
10　吴小皮、沈明.渔船轮机管理实用技术.北京:科学普及出版社,1991.6
11　史陈昌.船舶电气设备及系统.大连:大连海事大学出版社,1998.9
12　唐信源.海上无线电通信.大连:大连海事大学出版社,1999.4